DURCH STARTEN
MATHEMATIK

**FÜR DIE 5. SCHULSTUFE
LEHRPLAN 1. KLASSE HS/AHS**

ZUM ERREICHEN DER MATHEMATIK-BILDUNGS-STANDARDS

Verfasser: Markus Olf

LÖSUNGSHEFT

Das Lösungsheft entstand mit tatkräftiger Unterstützung durch Viktoria Bauer, Astrid Buchmayr, Stephanie Kornfeld, Theresa Kovacs, Patricia Mehler und Lisa Wutzlhofer.

© VERITAS-VERLAG, Linz
Alle Rechte vorbehalten, insbesondere das Recht der Verbreitung (auch durch Film, Fernsehen, Internet, fotomechanische Wiedergabe, Bild-, Ton- und Datenträger jeder Art) oder der auszugsweise Nachdruck

2. Auflage 2006

ISBN-10: 3-7058-6460-2
ISBN-13: 978-3-7058-6460-3

Beispiel, S. 14
Die Zahl 14 273 besteht aus den Ziffern 1, 4, 2, 7, 3.

Übung 1
a) 3, 5, 0, 7, 6   **b)** 1, 4, 2, 7, 2, 6   **c)** 4, 8, 9, 0, 0   **d)** 2, 6, 3   **e)** 1, 0, 2, 9   **f)** 2, 3, 7, 4, 8 7 2

Übung 2
a) 36, 63
b) 246, 462, 642, 624, 426, 264
c) 2679, 2697, 2967, 2976, 2769, 2796; 6279, 6297, 6927, 6972, 6792, 6729;
7962, 7926, 7692, 7629, 7296, 7269; 9276, 9267, 9627, 9672, 9762, 9726;

Übung 3
Unser Geld – 10 · 10 Cent = 100 Cent = 1 Euro
Längenmaße – 10 mm = 1 cm

Beispiel, S. 15
7 253 = 7 · 1 000 + 2 · 100 + 5 · 10 + 3 · 1
23 005 = 2 · 10 000 + 3 · 1 000 + 5 · 1
250 000 = 2 · 100 000 + 5 · 10 000

Übung 4
a) 4 · 100 + 5 · 10 + 2 · 1
b) 7 · 10 000 + 2 · 1 000 + 5 · 100 + 6 · 1
c) 2 · 10 000 + 5 · 1 000 + 4 · 100 + 8 · 10 + 9 · 1
d) 3 · 100 000 + 5 · 10 000 + 4 · 1 000 + 8 · 100 + 7 · 10 + 2 · 1
e) 6 · 1 000 000 + 9 · 10 000 + 3 · 100 + 6 · 10
f) 8 · 1 000 + 3 · 100 + 4 · 1
g) 2 · 1 000 000
h) 7 · 1 000 + 3 · 1

Beispiel, S. 16
405 183 = 4 · 100 000 + 5 · 1 000 + 1 · 100 + 8 · 10 + 3 · 1 = 4 HT 5 T 1 H 8 Z 3 E
45 376 = 4 · 10 000 + 5 · 1 000 + 3 · 100 + 7 · 10 + 6 · 1 = 4 ZT 5 T 3 H 7 Z 6 E

Übung 5
a) 4 H 5 Z 2 E   **b)** 7 ZT 2 T 5 H 6 E   **c)** 2 ZT 5 T 4 H 8 Z 9 E   **d)** 3 HT 5 ZT 4 T 8 H 7 Z 2 E   **e)** 6 M 9 ZT 3 H 6 Z
f) 8 T 3 H 4 E   **g)** 2 M   **h)** 7 T 3 E

Übung 6
9 460 600 000 000 · 35 = 331 121 000 000 000 km (331 Billionen 121 Milliarden)

Übung 7
a) 8 HM 9 ZM 4 HT 5 H (890 Millionen 400 Tausend 5 Hundert)
b) 1 ZMd 2 HM 3 HT 4 H (10 Milliarden 200 Millionen 300 Tausend 4 Hundert)
c) 6 ZT 7 T 8 H 9 Z 2 E (67 Tausend 892)
d) 1 ZM 3 M 2 HT 3 T 8 H 9 Z 9 E (13 Millionen 203 Tausend 899)
e) 1 HM 9 ZM 9 M 2 HT 9 ZT 9 T 3 H 9 Z 9 E (199 Millionen 299 Tausend 399)
f) 4 ZB (= Zehnbillionen) 5 B (45 Billionen)

Übung 8
a) 6 007 008 002 (6 Milliarden 7 Millionen 8 Tausend 2)
b) 900 070 800 010 (900 Milliarden 70 Millionen 800 Tausend 10)
c) 4 060 700 008 000 (4 Billionen 60 Milliarden 700 Millionen 8 Tausend)
d) 70 800 900 050 (70 Milliarden 800 Millionen 900 Tausend 50)

LÖSUNGEN ZU DEN BUCHSEITEN 17–19

Übung 9
a) 4 T 2 H 7 Z 6 E b) 9 H 4 Z c) 1 ZT 2 T 8 H 3 Z 7 E d) 9 ZT 2 T 9 H 9 Z 9 E e) 2 HT 5 ZT
f) 2 ZM 4 M 2 HT 8 ZT 7 T g) 3 HT 4 ZT h) 7 Md 3 HM 8 ZM 7 M 9 HT

Übung 10
a) 68 080 b) 301 007 c) 6 700 000 d) 50 602 000 e) 8 500 006 800 f) 30 700 008 000

Übung 11
a) 9 · 10 000 + 6 · 100 + 3 · 10 + 6 · 1
b) 6 · 100 000 + 7 · 10 000 + 7 · 1 000 + 1 · 100 + 4 · 10 + 2 · 1
c) 4 · 10 000 000 + 5 · 1 000 000
d) 2 · 1 000 + 8 · 100 + 9 · 10 + 3 · 1

Übung 12 a) 379 b) 158 c) 248

Übung 13 a) 973 b) 851 c) 842

Übung 14 9 999

Übung 15 10 000

Übung 16
a) 3 Millionen 470 Tausend b) 25 Millionen 798 Tausend 450 c) 134 Millionen d) 23 Millionen 700 Tausend 809
e) 5 Milliarden 780 Millionen 700 Tausend f) 120 Milliarden 560 Millionen 200 Tausend

Beispiel, S. 18
35 000 – 34 574 = 426, 34 574 – 30 000 = 4 574
Runde auf T: 820 ≈ 1 000, Rf.: 1 000 – 820 = 180
Runde auf HT: 349 810 ≈ 300 000, Rf.: 349 810 – 300 000 = 49 810

Übung 17
a) ≈ 500, Rf.: 44 b) ≈ 1 200, Rf.: 20 c) ≈ 100, Rf.: 30 d) ≈ 0, Rf.: 44

Übung 18
a) ≈ 26 000, Rf.: 173 b) ≈ 4 000, Rf.: 390 c) ≈ 1 000, Rf.: 70 d) ≈ 3 000, Rf.: 490

Übung 19
a) ≈ 20 000, Rf.: 3 800 b) ≈ 280 000, Rf.: 289 c) ≈ 10 000, Rf.: 3 750 d) ≈ 80 000, Rf.: 3 575

Übung 20

Übung 21
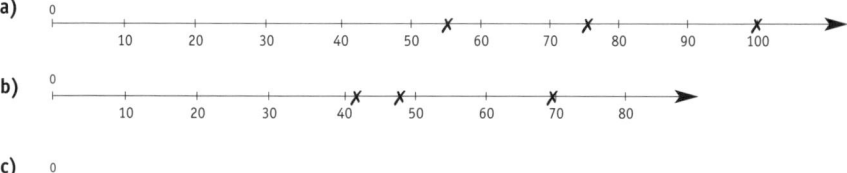

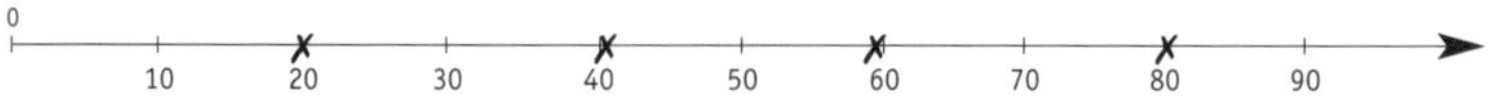

Übung 22
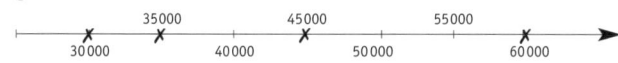

Übung 23

Übung 24
a) 2 000, 6 000, 7 500   **b)** 6 000, 14 000, 17 000

Denkspiel, S. 19   3 + 1 + 2 = 6

QUICK CHECK, S. 20
1. Dekadisches Zahlensystem, Zehnersystem
2. Die Zahl 10
3. Man fasst zehn kleinere Einheiten zu einer größeren zusammen.
4. Dekadische Einheiten
5. Zahl 745 ... Ziffern 7, 4 und 5 ... Stellenwert
6. abgerundet; 5, 6, 7, 8 oder 9
7. Beim Runden nimmt die Genauigkeit der Zahlen ab. Es entsteht ein Rundungsfehler.
8. Natürliche Zahlen lassen sich auf dem Zahlenstrahl graphisch darstellen.
9. Der Abstand zwischen zwei aufeinander folgenden natürlichen Zahlen ist die Einheitsstrecke.
10. Der Zahlenstrahl muss nicht bei 0 beginnen. Man wählt die Einheitsstrecke entsprechend klein.

Beispiel, S. 22
Rechne: 600 + 800 + 700 + 1 200 + 900 = 4 200
Dividiere das Ergebnis durch fünf: 4 200 : 5 = 840

Übung 25
27 + 31 + 25 + 29 + 28 + 30 + 26 = 196
196 : 7 = 28   Die durchschnittliche Höchsttemperatur lag bei 28°C.

Übung 26
12 + 10 + 11 + 7 + 5 = 45, 45 : 5 = 9   Er hat durchschnittlich 9 Seiten gelesen.

Übung 27

Gewässer	Eier	cm
A	600	3
B	800	4
C	700	3,5
D	1 200	6
E	900	4,5

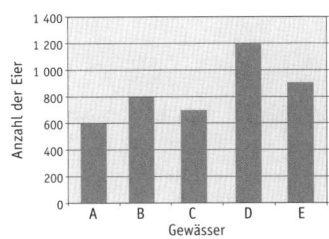

Übung 28

Übung 29
28 000 + 30 000 + 15 000 + 10 000 + 5 000 = 88 000,
88 000 : 5 = 17 600
17 600 ist der Mittelwert in km.
5 000 km ≙ 1 cm
10 000 km ≙ 2 cm, 15 000 km ≙ 3 cm,
30 000 km ≙ 6 cm, 28 000 km ≙ 5,6 cm

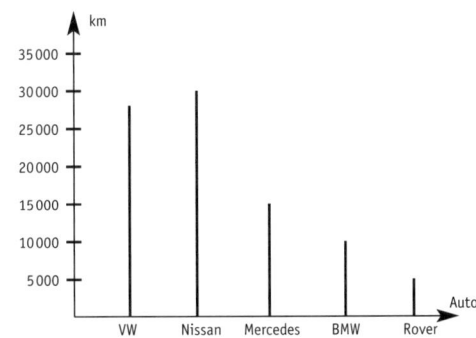

Übung 30
3 · 1 + 5 · 2 + 9 · 3 + 5 · 4 + 3 · 5 = 75
Notendurchschnitt ... 75 : (3 + 5 + 9 + 5 + 3) = 3

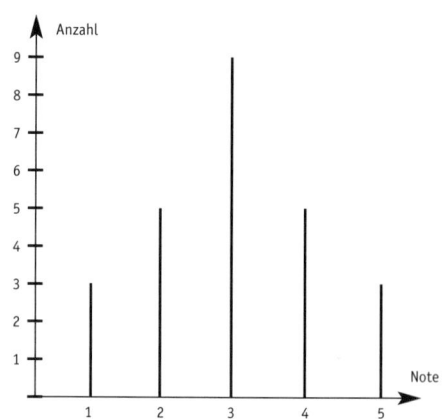

Übung 31
a) 66 + 38 + 60 + 70 + 18 = 252 Stimmen insgesamt
66 Stimmen ≙ 33 mm,
38 Stimmen ≙ 19 mm,
60 Stimmen ≙ 30 mm
70 Stimmen ≙ 35 mm
18 Stimmen ≙ 9 mm

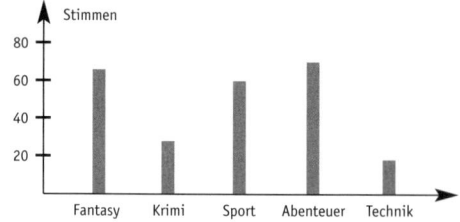

b) 58 + 34 + 66 + 68 + 22 = 248 Stimmen insgesamt
58 Stimmen ≙ 29 mm,
34 Stimmen ≙ 17 mm,
66 Stimmen ≙ 33 mm
68 Stimmen ≙ 34 mm
22 Stimmen ≙ 11 mm

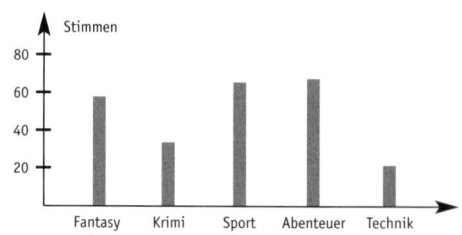

Übung 32
a) 120 : 4 = 30   210 : 7 = 30   150 : 5 = 30   d. h. einem Symbol entsprechen 30 Blumen
b) 180 : 30 = 6 Blumen

Übung 33
a) Enzo spart noch 4 Wochen lang je 2 Euro, d. h. 2 · 4 = 8 Euro
Nach insgesamt 8 Wochen hat er dann 10 + 8 = 18 Euro gespart.

b)
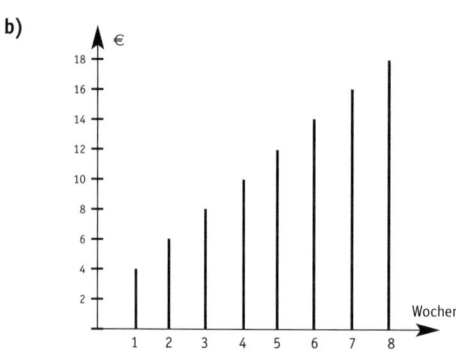

LÖSUNGEN ZU DEN BUCHSEITEN 25–30

FUN ZONE, S. 25
Das Rätsel mit den Streichhölzern:
Mit 13 Streichhölzern legst du das Wort ZEHN.
Mit 6 Streichhölzern legst du das Wort NIX.
Immer diese Ungeraden: 11 + 1 + 1 + 1 = 14
(es ist ja nur von ZIFFERN die Rede! Es sind genau 5!)
Na dann mal überlegen: Lisa ist 13 Jahre und Alex 14 Jahre.

Beispiel, S. 28
35 + 123 + 78 + 80 + 87 = 403

1. Einer addieren	7 + 0 + 8 + 3 + 5 = 23
	„3" an, „2" weiter!
2. Zehner addieren	2 + 8 + 8 + 7 + 2 + 3 = 30
	„0" an, „3" weiter!
3. Hunderter addieren	3 + 1 = 4

Übung 34
a) 386 b) 2 054 c) 1 522 d) 6 125 e) 638 f) 6 106 g) 4 226 h) 13 217 i) 42 878 j) 812 621
k) 4 749 308 l) 6 849 230

Übung 35

a)	b)	c)	d)
788	56	756	8
23 456	13 465	8 475	726
27 894	90 182	23 873	10 234
12 000	123 321	12	3 475
87	227 024	33 116	14 443
64 225			

Übung 36

a) 10 + 9 + 5 + 34 = 58
    9 + 10 + 34 + 5 = 58
    5 + 9 + 10 + 34 = 58
    34 + 5 + 9 + 10 = 58
    10 + 34 + 9 + 5 = 58

b) 263 + 82 + 56 = 401
    82 + 56 + 263 = 401
    56 + 82 + 263 = 401
    82 + 263 + 56 = 401
    263 + 56 + 82 = 401

c) 74 + 23 + 13 + 56 + 9 = 175
    23 + 13 + 56 + 9 + 74 = 175
    13 + 23 + 56 + 74 + 9 = 175
    56 + 9 + 13 + 23 + 74 = 175
    9 + 56 + 13 + 23 + 74 = 175

Übung 37
a) 65 + 83 = 148
   83 + 65 = 148

b) 33 + 65 + 56 = 154
   56 + 65 + 33 = 154

c) 56 + 65 + 12 + 33 = 166
   65 + 12 + 56 + 33 = 166

d) 33 + 12 = 45
   12 + 33 = 45

Beispiel, S. 30
543 + 56 + 752 + 207 + 44 + 198 = 1 800

- Summanden vertauschen! Auf passende Einerstellen achten!

543 + 207 + 56 + 44 + 752 + 198 =
  750   +   100   +   950   =

- Teilsummen addieren! Falls möglich, zusammenpassende Zehnerstellen finden!

750 + 950 + 100 =
  1 700 + 100 = 1 800

Übung 38

a) 67 + 26 + 23 + 29 + 74 = (67 + 23) + (26 + 74) + 29 = 90 + 100 + 29 = 219
b) 42 + 66 + 98 + 21 + 99 + 34 = (42 + 98) + (66 + 34) + (21 + 99) = 140 + 100 + 120 = 360
c) 2 065 + 329 + 231 + 527 + 25 + 703 = (2 065 + 25) + (329 + 231) + (527 + 703) = 2 090 + 560 + 1 230 = 3 880
d) 367 + 83 + 1 603 + 788 + 202 + 177 + 125 = (367 + 83) + (1 603 + 177) + (788 + 202) + 125 = 450 + 1 780 + 990 + 125 = 3 345
e) 3 249 + 2 364 + 281 + 5 006 = (3 249 + 281) + (2 364 + 5 006) = 3 530 + 7 370 = 10 900
f) 91 + 47 + 9 + 13 + 70 = (91 + 9) + (47 + 13) + 70 = 100 + 60 + 70 = 230
g) 25 187 + 3 201 + 1 213 + 199 = (25 187 + 1 213) + (3 201 + 199) = 26 400 + 3 400 = 29 800
h) 852 + 31 + 47 + 48 + 159 = (852 + 48) + (31 + 159) + 47 = 900 + 190 + 47 = 1 137
i) 14 879 + 9 444 + 5 071 = (14 879 + 5 071) + 9 444 = 19 950 + 9 444 = 29 394

Übung 39
15 245 + 2 320 + 1 178 + 822 + 1 800 + 1 580 = 22 945 ct = 229 € 45 ct

Übung 40
2 512 + 840 + 500 = 3 852 ct = 38 € 52 ct

Übung 41
6 837 + 7 388 = 14 225
a) 14 225 + 6 197 = 20 422
b) 14 225 + 23 405 = 37 630
c) 14 225 + 645 = 14 870

Übung 42
a) 589 + 874 = 1 463   b) 589 + 932 = 1 521   c) 589 + 763 = 1 352

Übung 43
946 + 1 956 = 2 902; (946 − 35) + (1 956 + 35) = 911 + 1 991 = 2 902   Es verändert sich nichts!

Übung 44
745 + 102 = 847; (745 − 10) + (102 + 20) = 735 + 122 = 857   Die Summe wird um 10 größer!

Beispiel, S. 31
24 335 + 0 = 24 335
0 + 992 = 992
Mit Variablen angeschrieben schaut das dann so aus: $a + 0 = a$

Übung 45
a) 65 + 29 + 37 + 41 + 81 = 253   b) 55 + 24 + 47 + 61 + 52 = 239

Übung 46

Alter Kontostand	Einzahlungen	Neuer Kontostand
a) 263 € 23 ct	12 € 44 ct, 67 € 12 ct 31 € 23 ct, 11 € 67 ct	385 € 69 ct
b) 120 € 40 ct	88 € 28 ct, 50 €, 21 €	279 € 68 ct
c) 734 € 20 ct	67 € 90 ct, 78 € 34 ct 45 € 8 ct	925 € 52 ct

Übung 47

	+	46	922	3 130	23 726
a)	64	110	986	3 194	23 790
b)	273	319	1 195	3 403	23 999
c)	6 736	6 782	7 658	9 866	30 462

Übung 48
a) 46 + 21 + 144 + 89 = 300   b) 253 + 21 + 564 + 17 + 99 + 76 = 1 030

c)
```
  2 364
  1 273
    374
     84
  4 095
```

d)
```
    736
  2 384
     19
  3 139
```

Übung 49
a) 1 000 + 99 = 1 099   b) 10 + 10 000 = 10 010

Übung 50
```
            391 379 411
        209 182 197 214
    121  88  94 103 111
 45  76  12  82  21  90
```

Übung 51
```
              1
            1   1
          1   2   1
        1   3   3   1
      1   4   6   4   1
    1   5  10  10   5   1
  1   6  15  20  15   6   1
```

QUICK CHECK, S. 33
1. Summanden
2. Summe
3. Man kann in der Zeile addieren oder die Summanden untereinander anschreiben.
4. a + b = b + a und a + b + c = (a + b) + c = a + (b + c)
   z. B. 23 + 4 = 4 + 23 = 27; 2 + 3 + 7 = (2 + 3) + 7 = 2 + (3 + 7) = 2 + 10 = 12
5. Man darf die Summanden vertauschen. (Vertauschungsgesetz)
   Man darf die Summanden beliebig zusammenfassen. (Verbindungsgesetz)
6. Addiert man 0 zu einer natürlichen Zahl, ändert sich die Zahl nicht.
7. a + 0 = 0 + a = a

Übung 52
a) 2 831 − 1 004 = 1 827   b) 53 885 − 9 998 = 43 887   c) 9 453 − 8 546 = 907
d) 67 245 − 9 287 = 57 958   e) 182 762 − 99 276 = 83 486   f) 88 888 − 77 777 = 11 111

Übung 53
a)
```
   3563
 −  728
   2835
```
b)
```
   8463
 − 7555
    908
```
c)
```
    878
 −  787
     91
```
d)
```
 110100
 −100010
  10090
```
e)
```
    764
 −  281
    483
```
f)
```
   9238
 − 7236
   1975
```
g)
```
   3451
 − 2731
    720
```
h)
```
   4942
 − 4492
    450
```
i)
```
    998
 −  899
     99
```
j)
```
  17271
 −15872
   1399
```
k)
```
  37971
 −28932
   9039
```
l)
```
    491
 −  194
    297
```
m)
```
  43251
 − 9778
  33473
```
n)
```
 752802
 −652342
 100460
```
o)
```
 202000
 −200202
   1798
```

Übung 54
432 − 234 = 198

LÖSUNGEN ZU DEN BUCHSEITEN 37-38

Übung 55
23 726 − 18 435 = 5 291   57 283 − 5 291 = 51 992

Übung 56
999 − 10 = 989

Übung 57
734 − 422 = 312   734 + 23 = 757   757 − 422 = 335 (ist um 23 größer als 312!)
Die Differenz wird um 23 größer!

Übung 58
a) 12 938 − 9 487 = 3 451   9 487 ist um 3 451 kleiner als 12 938!
b) 783 746 − 99 439 = 684 307   783 746 ist um 684 307 größer als 99 439.

Beispiel, S. 37
200 − 36 − 86 − 19 = 200 − (36 + 86 + 19) = 200 − 141 = 59 €

Übung 59
a) 8 237 − 1 277 − 788 − 3 412 − 989 = 8 237 − (1 277 + 788 + 3 412 + 989) = 8 237 − 6 466 = 1 771
b) 948 − 43 − 187 − 66 − 456 = 948 − (43 + 187 + 66 + 456) = 948 − 752 = 196
c) 4 365 − 2 003 − 873 − 253 = 4 365 − (2 003 + 873 + 253) = 4 365 − 3 129 = 1 236
d) 24 653 − 12 873 − 9 384 − 834 = 24 653 − (12 873 + 9 384 + 834) = 24 653 − 23 091 = 1 562
e) 7 777 − 2 222 − 1 111 = 7 777 − (2 222 + 1 111) = 7 777 − 3 333 = 4 444
f) 1 900 − 233 − 344 − 566 = 1 900 − (233 + 344 + 566) = 1 900 − 1 143 = 757
g) 3 222 − 2 333 − 111 − 222 − 56 = 3 222 − (2 333 + 111 + 222 + 56) = 3 222 − 2 722 = 500
h) 5 371 − (41 + 2 140 + 980) = 5 371 − 3 161 = 2 210

Übung 60
S u b t r a h e n d e n / w e r d e n / a d d i e r t   und d i e s e /
S u m m e / v o m / M i n u e n d e n / s u b t r a h i e r t

Beispiel, S. 38
1 200 + 450 = 1 650
1 650 − 450 = 1 200

Übung 61
a) 175 − 89 = 86; 86 + 89 = 175   b) 983 − 546 = 437; 437 + 546 = 983
c) 265 + 88 = 353; 353 − 88 = 265   d) 2 384 − 192 = 2 192; 2 192 + 192 = 2 384
e) 746 + 2 365 = 3 111; 3 111 − 2 365 = 746   f) 999 + 333 = 1 332; 1 332 − 333 = 999

Übung 62
a) 4 652 = 904 + 3 748   PR: 4 652 − 3 748 = 904
b) 1 665 = 777 + 888   PR: 1 665 − 888 = 777
c) 2 721 = 1 898 + 823   PR: 2 721 − 823 = 1 898
d) 716 = 243 + 473   PR: 716 − 473 = 243
e) 564 = 129 + 435   PR: 564 − 435 = 129
f) 2 500 = 1 300 + 1 200   PR: 2 500 − 1 200 = 1 300
g) 152 = 129 + 23   PR: 152 − 23 = 129
h) 1 711 = 1 676 + 35   PR: 1 711 − 35 = 1 676

Beispiel, S. 38
SUMME   VERMEHREN   DIFFERENZ
↓   ↓
(8 487 + 663)   +   (254 − 117) =
= 9 150   +   137 =
                = 9 287

LÖSUNGEN ZU DEN BUCHSEITEN 39–40

Übung 63
a) (938 – 345) – (243 + 155) = 593 – 398 = 195
b) (678 – 123) – (243 + 155) = 555 – 398 = 157
c) (888 – 455) – (243 + 155) = 433 – 398 = 35

Übung 64
a) 591 – 363 = 228   b) 2 151 – 363 = 1 788   c) 471 – 363 = 108

Übung 65
(71 + 80) + (72 + 79) + (73 + 78) + (74 + 77) + (75 + 76) = 151 · 5 = 755
In den Klammern steht überall dasselbe Ergebnis!

Übung 66
a) 8 263 – 4 837 = 3 426   8 263 + 4 837 = 13 100   13 100 – 3 426 = 9 674
b) 876 – 243 = 633   876 + 243 = 1 119   1 119 – 633 = 486
c) 4 364 – 999 = 3 365   4 364 + 999 = 5 363   5 363 – 3 365 = 1 998
d) 3 745 – 2 635 = 1 110   3 745 + 2 635 = 6 380   6 380 – 1 110 = 5 270

Übung 67

–	12	23	7	35	67	43	58	89
99	87	76	92	64	32	56	41	10
256	244	233	249	221	189	213	198	167
311	299	288	304	276	244	268	253	222

Übung 68
40 – 11 – 8 + 5 + 2 – 4 + 1 + 2 = 27 Personen

Übung 69
1. Zahl: 3 211 + 8 374 = 11 585
2. Zahl: 3 211
3. Zahl: 11 585 – 5 634 = 5 951
Summe: 11 585 + 3 211 + 5 951 = 20 747

Übung 70
743 + 512 + 320 + 65 = 1 640   1 780 – 1 640 = 140 € bleiben übrig

Übung 71
a) 95 – (45 – 24) – (16 + 20) = 38
b) (77 + 24 + 67) – (130 – 49 – 35) = 122
c) (3 899 – 2 627) – (1 000 + 272) = 0
d) 90 283 – (3 475 + 30 284) – (56 228 – 32 783) = 33 079
e) (12 834 + 88 873) – (23 265 + 10 090) = 68 352

Übung 72

A	s	u	^{1}m	m	a	n	d	e	n	
B	^{7}s	u	m	m	e					
C	^{9}p	l	u	s						
D	m	i	n	^{8}u	s					
E	M	i	n	u	^{5}e	n	d			
F	S	u	b	^{3}t	r	^{2}a	^{4}h	e	n	d
G	D	^{6}i	f	f	e	^{10}r	e	n	z	

Lösungswort:
M a t h e   i s t   s u p e r!
1 2 3 4 5   6 7 3   7 8 9 5 10

Übung 73
a) (367 + 873) − (873 − 367) = 734
b) (263 + 756) − (756 − 263) = 526
c) (1 273 + 2 534) − (1 273 − 2 534) = 2 546

Übung 74
a) 837 − (152 + 55 + 28 + 90) = 837 − 325 = 512
b) (70 + 46 + 322 + 18) − (687 − 263 + 15) = 456 − 439 = 17
c) 6 354 + 1 827 − (306 + 763 + 448 + 2 154 + 2 222) = 8 181 − 5 893 = 2 288

Übung 75
934 + 23 − 17 − 9 − 40 + 2 + 5 + 15 − 4 = 909 Dorfbewohner

Übung 76
4 362 − (1 054 + 923 + 250 + 190 + 77 + 498) = 1 379

Übung 77
a) 99 b) 990 c) 792

QUICK CHECK, S. 41
1. Minuend und Subtrahend
2. Differenz
3. Stellenwert
4. Subtrahenden, Minuend; a − b − c − d = a − (b + c + d)
5. entgegengesetzte
6. Minuend = Differenz + Subtrahend
7. Fehlender Summand = Summe − bekannter Summand

Beispiel, S. 44
12 · 4 = 48 €

Übung 78
a) 2 · 4 = 8   3 · 5 = 15   6 · 7 = 42   8 · 9 = 72
b) 3 · 6 = 18   7 · 8 = 56   9 · 2 = 18   3 · 8 = 24
c) 1 · 2 = 2   3 · 4 = 12   5 · 6 = 30   7 · 9 = 63

Übung 79
a) 5 · 6 = 30   8 · 5 = 40   9 · 7 = 63
b) 6 · 7 = 42   10 · 20 = 200 15 · 3 = 45
c) 15 · 4 = 60   0 · 11 = 0   5 · 11 = 55

Übung 80
a) 12 · 3 = 36   11 · 6 = 66   10 · 9 = 90   13 · 3 = 39
b) 14 · 4 = 56   15 · 4 = 60   16 · 4 = 64   17 · 4 = 68
c) 20 · 5 = 100 21 · 2 = 42   23 · 5 = 115   12 · 6 = 72

Übung 81
a) 1 · 2 · 3 · 4 = 24   b) 4 · 5 · 6 = 120
c) 8 · 9 · 10 = 720   d) 0 · 1 · 2 · 3 · 4 · 5 = 0

Beispiel, S. 45
```
  7 3 4 2 · 5
─────────────
  3 6 7 1 0
```

5 · 2 = 10 → 0 an, 1 weiter   5 · 4 = 20 → 20 + 1 = 21 → 1 an, 2 weiter
5 · 3 = 15 → 15 + 2 = 17 → 7 an, 1 weiter 5 · 7 = 35 → 35 + 1 = 36

Übung 82
a) 215 · 7 = 1 505
b) 172 · 8 = 1 376
c) 226 · 9 = 2 034
d) 2 102 · 5 = 10 510
e) 3 872 · 4 = 15 488
f) 4 305 · 3 = 12 915
g) 9 283 · 6 = 55 698
h) 10 231 · 2 = 20 462

Beispiel, S. 45
```
                    6 3 5  ·  3 4
erste Zahl (3)      1 9 0 5 0       NULL anhängen!!
zweite Zahl (4)       2 5 4 0       unter der Null weiterschreiben!
Addition            2 1 5 9 0
```

Übung 83
a) 364 · 34 = 12 376
b) 63 · 73 = 4 599
c) 333 · 83 = 27 639
d) 857 · 42 = 35 994
e) 513 · 56 = 28 728
f) 87 · 33 = 2 871

Übung 84
a) 1 253 · 254 = 318 262
b) 6 023 · 444 = 2 674 212
c) 874 · 362 = 316 388
d) 2 726 · 2 354 = 6 417 004
e) 3 045 · 2 012 = 6 126 540
f) 6 243 · 3 452 = 21 550 836

Beispiel, S. 46
156 + 156 + 156 + 156 = 624; 156 · 4 = 624

Übung 85
a) 263 · 3 = 263 + 263 + 263 = 789
b) 6 364 · 4 = 6 364 + 6 364 + 6 364 + 6 364 = 25 456
c) 12 098 · 5 = 12 098 + 12 098 + 12 098 + 12 098 + 12 098 = 60 490
d) 444 333 · 2 = 444 333 + 444 333 = 888 666

Übung 86
a) 1 · 475 = 475   b) 0 · 1 293 = 0   c) 0 · 0 = 0

Beispiel, S. 46
6 5 4 · 2 3 = 15 042;   2 3 · 6 5 4 = 15 042
Die Produkte sind gleich.

Übung 87
a) 385 · 72 = 27 720; 72 · 385 = 27 720
b) 1 155 · 24 = 27 720; 24 · 1 155 = 27 720
c) 4 847 · 1 = 4 847; 1 · 4 847 = 4 847
d) 0 · 254 = 0; 254 · 0 = 0

Übung 88
a) $a \cdot c = c \cdot a$
23 · 45 = 45 · 23
1 035 = 1 035

b) $a \cdot b \cdot c = a \cdot c \cdot b$
23 · 39 · 45 = 23 · 45 · 39
40 365 = 40 365

c) $d \cdot b = b \cdot d$
67 · 39 = 39 · 67
2 613 = 2 613

Übung 89
a) (8 · 5) · (3 · 3) = 40 · 9 = 360
b) (25 · 4) · 11 = 100 · 11 = 1 100
c) (45 · 2) · (5 · 2) = 90 · 10 = 900
d) (125 · 8) · (2 · 5) · 2 = 20 000
e) (50 · 2) · (9 · 3) = 100 · 27 = 2 700
f) (15 · 4) · (2 · 7) = 60 · 14 = 840

Übung 90
a) 470 580 = 470 580   b) 39 215 = 39 215

Übung 91
a) 35 872 · 19 = 681 568   … du beginnst mit der Einerziffer
b) 375 · 157 = 58 875   … du beginnst mit der Zehnerziffer

Übung 92
a) 738 · 19 = 14 022   b) 837 · 198 = 165 726   c) 1 287 · 123 = 158 301   d) 4 736 · 1 635 = 7 743 360
e) 7 263 · 165 = 1 198 395   f) 333 · 144 = 47 952   g) 364 · 177 = 64 428   h) 9 374 · 1 263 = 11 839 362
i) 10 239 · 1 182 = 12 102 498

Beispiel, S. 48
Zuerst 254 · 3 = 762 berechnen. Dann die drei Nullen anhängen   → 762 000

Übung 93
a) 45 · 200 = 9 000
d) 2 000 · 120 = 240 000
g) 45 000 · 100 000 = 4 500 000 000
j) 265 · 1 = 265

b) 14 · 50 = 700
e) 400 · 180 = 72 000
h) 25 · 500 = 12 500
k) 827 · 0 = 0

c) 300 · 11 = 3 300
f) 1 200 · 20 000 = 24 000 000
i) 500 · 3 000 = 1 500 000
l) 1 000 · 2 000 = 2 000 000

Übung 94
a) 767 · 10 = 7 670   b) 29 · 1 000 = 29 000   c) 3 · 1 000 000 = 3 000 000   d) 10 · 120 = 1 200

Übung 95
6 · 150 = 900   Man benötigt 900 m Stoff.

Übung 96
35 · 8 + 17 · 10 + 13 · 15 = 645   Die Karten kosteten insgesamt 645 €.

Übung 97
12 · 167 = 2 004 €   Das Notebook kostet 2 004 €.

Übung 98
356 · 73 = 25 988   25 988 · 88 = 2 286 944

Übung 99
a) Das Herz eines Kindes schlägt 90 · 60 = 5 400-mal in der Stunde.
b) Das Herz eines Kindes schlägt 5 400 · 24 = 129 600-mal am Tag.
c) Das Herz eines Kindes schlägt 129 600 · 7 = 907 200-mal in der Woche.
d) Das Herz eines Kindes schlägt 129 600 · 30 = 3 888 000-mal im Monat.

Übung 100
65 · 420 = 27 300   Eine Frau mit 65 kg verdaut in ihrem Leben ca. 27 300 kg.

Übung 101
121 · 365 = 44 165; 116 · 365 = 42 340; 44 165 − 42 340 = 1 825
Jumbo frisst jährlich um 1 825 kg weniger als Dumbo.

Übung 102
932 · 35 · 3 · 2 = 195 720

Übung 103
90 · 26 = 2 340 dag   26 Schulatlanten wiegen zusammen 23,4 kg.

Übung 104
126 · 60 = 7 560   In der Minute werden ca. 7 560 Milliliter (~ 7,6 l) Blut befördert.

Übung 105
a) Die Stubenfliege schlägt 290 · 60 = 17 400-mal in der Stunde mit den Flügeln.
b) Die Stubenfliege schlägt 17 400 · 24 = 417 600-mal am Tag mit den Flügeln.

Übung 106
276 · 97 = 26 772   26 772 · 2 000 = 53 544 000

Übung 107
243 · 70 = 17 010; 243 + 70 = 313   17 010 − 313 = 16 697   Das Produkt ist um 16 697 größer als die Summe.

Übung 108
P R O D U K T

Übung 109
260 · 9 = 2 340   Ein Wal kann bis zu 2 340 m in die Tiefe tauchen.

Übung 110
a) Es wurden 8 265 · 16 + 4 243 · 43 = 314 689 € eingenommen.
b) 25 000 − (8 265 + 4 243) = 12 492 Karten konnten nicht verkauft werden.

QUICK CKECK, S. 51
1. Faktoren
2. Produkt
3. Man hängt an die Zahlen eine, zwei, drei usw. Nullen an.
4. Das Verbindungs- und das Vertauschungsgesetz; z. B. 2 · 4 · 10 = (2 · 4) · 10 = 2 · (4 · 10) = 80; 3 · 5 = 5 · 3 = 15
5. Faktoren; vertauschen; zusammenfassen
6. a · b = b · a; a · b · c = (a · b) · c = a · (b · c)
7. Addition
8. Wenn man eine natürliche Zahl mit 0 multipliziert, ist das Produkt 0.
9. Wenn man eine natürliche Zahl mit 1 multipliziert, erhält man wieder die natürliche Zahl.

Übung 111
a) 81 : 9 = 9   **b)** 100 : 25 = 4   **c)** 300 : 10 = 30   **d)** 98 : 1 = 98
e) 72 : 6 = 12   **f)** 25 : 5 = 5   **g)** 56 : 8 = 7   **h)** 90 : 2 = 45
i) 48 : 12 = 4   **j)** 39 : 3 = 13   **k)** 52 : 4 = 13   **l)** 4 000 : 1 000 = 4

Übung 112
Man kann 36 zweimal von 72 subtrahieren. (72 : 36 = 2)

Übung 113
Man kann 13 achtmal von 104 subtrahieren. (104 : 13 = 8)

Beispiel, S. 55
36 ist das erste Mal in 204 enthalten.
Die Einerstelle (E) des Divisors steht über der Hunderterstelle (H) des Dividenden.
Die Hunderterstelle ist der höchste Stellenwert im Quotienten.

Übung 114
a) 14 ist das erste Mal in 36 enthalten, 6 → Zehner
b) 47 ist das erste Mal in 305 enthalten, 5 → Zehner
c) 21 ist das erste Mal in 102 enthalten, 2 → Hunderter

Beispiel, S. 55
    21 : 3 = 7
    (21 · 2) : (3 · 2) = 42 : 6 = 7
    (21 · 3) : (3 · 3) = 63 : 9 = 7 … der Quotient ändert sich nicht.
    30 : 6 = 5
    (30 : 2) : (6 : 2) = 15 : 3 = 5 … der Quotient ändert sich nicht.

Übung 115
a) 4 600 000 : 10 000 = 460 : 1 = 460   **b)** 6 400 : 800 = 64 : 8 = 8
c) 36 000 : 12 000 = 36 : 12 = 3   **d)** 810 : 10 = 81 : 1 = 81
e) 144 000 : 12 000 = 144 : 12 = 12   **f)** 300 : 150 = 30 : 15 = 2

LÖSUNGEN ZU DEN BUCHSEITEN 56–58

Beispiel, S. 56
1 325 : 41 =

1. Stellenwert bestimmen	41 1 3<u>2</u>5 : 41 = . .	Z ist der höchste Stellenwert im Quotienten.
2. Wie oft ist 41 in 132 enthalten?	1 325 : 41 = 3 . 9	41 · 3 = 123 132 – 123 = 9
3. Nächste Stelle herabsetzen Wie oft geht 41 in 95?	1 325 : 41 = 32 95 13 Rest	41 · 2 = 82 95 – 82 = 13 Rest
4. Probe:	41 · 32 123 82 1312 + 13 = 1 325	Stimmt!

Übung 116
a) 2 484 : 36 = 69   b) 3 000 : 24 = 125   c) 5 135 : 65 = 79   d) 2 302 : 5 = 460   2 R   e) 3 054 : 14 = 218   2 R
f) 14 880 : 32 = 465   g) 6 468 : 66 = 98   h) 30 744 : 36 = 854   i) 379 992 : 669 = 568

Übung 117
a) 882 000 : 1 400 = 630
c) 28 000 000 : 1 300 000 = 21   700 000 R
e) 123 000 : 240 = 512   120 R
b) 9 360 000 : 2 600 = 3 600
d) 781 000 : 3 400 = 229   2 400 R
f) 1 716 000 : 52 000 = 33

Übung 118
a) 1 215 : 45 = 27
d) 3 312 : 69 = 48
b) 3 302 : 13 = 254
e) 1 044 : 87 = 12
c) 2 904 : 4 = 726
f) 5 148 : 66 = 78

Übung 119
45 155 : 821 = 55   55 · 11 = 605

Übung 120
55 : 6 = 9   9 · 6 = 54   1 Krapfen bleibt übrig.

Übung 121
441 870 : 15 = 29 458   29 458 Personen haben die Ausstellung besucht.

Übung 122
a) 45 : 1 = 45
c) 873 : 0 = 0 falsch, Division durch 0 nicht möglich, 0 : 873 = 0
e) 1 : 1 = 1
g) 0 : 67 = 0
i) 87 : 1 = 78 falsch, 87 : 1 = 87
b) 0 : 32 = 32   falsch, 0 : 32 = 0
d) 1 : 662 = 662 falsch, 662 : 1 = 662
f) 0 : 0 = 1   falsch, Division durch 0 nicht möglich
h) 738 : 1 = 1 falsch,   738 : 1 = 738

Beispiel, S. 57
1 457 : 31 = 47
47 · 31 = 1 457
146 · 78 = 11 388
11 388 : 78 = 146 bzw. 11 388 : 146 = 78

Übung 123
a) 75 · 89 = 6 675;   6 675 : 89 = 75
c) 165 · 82 = 13 530;   13 530 : 82 = 165
e) 746 · 23 = 17 158;   17 158 : 23 = 746
b) 169 : 13 = 13;   13 · 13 = 169
d) 2 384 : 192 = 12   80 R;   192 · 12 + 80 = 2 384
f) 999 : 222 = 4   111 R;   222 · 4 + 111 = 999

Übung 124
a) 546 : 19 = 28   14 R   Jeder Teilnehmer muss 29 € bezahlen.
b) 546 : 25 = 21   21 R   Jeder Teilnehmer muss 22 € bezahlen.
c) 546 : 37 = 14   28 R   Jeder Teilnehmer muss 15 € bezahlen.

Übung 125
a) 7 648 : 8 = 956   Jeder Spieler erhält 956 €.
b) 8 176 : 8 = 1 022   Jeder Spieler erhält 1 022 €.
c) 44 744 : 8 = 5 593   Jeder Spieler erhält 5 593 €.
d) 100 688 : 8 = 12 586   Jeder Spieler erhält 12 586 €.

Übung 126
a) 2 208 : 8 = 276   276 € müssen monatlich aufs Sparbuch.
b) 7 880 : 8 = 985   885 € müssen monatlich aufs Sparbuch.
c) 10 584 : 8 = 1 323   1 323 € müssen monatlich aufs Sparbuch.

Übung 127
a) 7 000 : 75 = 93   25 R   Es können 93 Säckchen abgefüllt werden. 25 g bleiben über.
b) 5 000 : 75 = 66   50 R   Es können 66 Säckchen abgefüllt werden. 50 g bleiben über.
c) 9 000 : 75 = 120   0 R   Es können 120 Säckchen abgefüllt werden.

Übung 128
765 : 15 = 51 € pro Person/EZ
752 : 8 = 94; 94 : 2 = 47 € pro Person/DZ
51 − 47 = 4 € Im Doppelzimmer zahlt man pro Person und Nacht 4 € weniger.

Übung 129
a) 500 : 12 = 41 Reihen werden gelegt. 8 Platten bleiben über.
b) 250 : 12 = 20 Reihen werden gelegt. 10 Platten bleiben über.
c) 300 : 12 = 25 Reihen werden gelegt. Keine Platten bleiben über.

QUICK CHECK, S. 59
1. Dividend und Divisor
2. Quotient
3. Divisionen mit und ohne Rest
4. Subtraktion
5. 32 ist das erste Mal in 182 enthalten. 2 → Hunderter → höchster Stellenwert im Quotienten
6. Der Quotient ändert sich nicht.
7. Ich streiche im Dividend und Divisor dieselbe Anzahl von Nullen.
8. gegenteilige Rechenoperationen
9. Der Quotient wird mit dem Divisor multipliziert. Ein Rest wird zum Produkt addiert. Das Ergebnis muss der Dividend sein!
10. Der Quotient ist 0.
11. Der Quotient ist wieder die natürliche Zahl.
12. Durch 0 kann man nicht dividieren.

FUN ZONE, S. 60
Gut getroffen:
Mit 6 Pfeilen bringt man es auf 100, wenn man 4-mal die 17 und 2-mal die 16 trifft.
Die verflixten Spielwürfel:
Den Würfel mit der 6 musst du auf den Kopf stellen. Du erhältst dann eine 9 und die Zahl 931 lässt sich ohne Rest durch 7 dividieren.
Zahlenrätsel: Es ist die Zahl 2.

LÖSUNGEN ZU DEN BUCHSEITEN 62–65

				GANZE			KOMMA		„STEL"		
	M	HT	ZT	T	H	Z	E	z	h	t	zt	ht
a)				5	4		6		9			
b)		6	5		7			7	4			
c)	3	6			4	3		2	3		5	
d)			3	9			4	4	8		7	
e)					6	4	2	1				9

Übung 130
a) 5 T 4 H 6 E 9 h = 5 406,09
c) 3 M 6 HT 4 H 3 Z 2 z 3 h 5 zt = 3 600 430,2305
e) 6 T 4 H 2 Z 1 z 9 ht = 6 420,10009

b) 6 HT 5 ZT 7 H 7 z 4 h = 650 700,74
d) 3 ZT 9 T 4 E 4 z 8 h 7 zt = 39 004,4807

Übung 131
a) 0̶0̶23600 b) 0̶0̶0,0023000̶ c) 0,000263̶0̶ d) 0̶1000,100̶0̶ e) 0,00004857 f) 0̶0̶0,000263̶0̶
g) 12000 h) 0,0034000̶0̶ i) 0̶0̶0̶0,00002000̶0̶ j) 0̶0̶0̶0̶270 k) 0̶0̶0̶0̶0,00002 l) 12630

Übung 132
a) 3 E 6 h 7 t 9 ht = 3,06709 b) 2 Z 9 z 2 t 8 zt 9 m = 20,902809
c) 4 T 2 Z 8 h 9 t 3 ht 2 zm = 4 020,0890302 d) 3 z 5 h 2 t = 0,352 e) 1 E 2 z 6 t 8 ht = 1,20608
f) 5 t 2 zt = 0,0052 g) 8 ht = 0,00008 h) 3 T 7 t 7 zt = 3 000,0077 i) 3 h = 0,03 j) 2 t 9 ht = 0,00209
k) 9 ht = 0,00009

Beispiel, S. 64

				GANZE			KOMMA		„STEL"		
	M	HT	ZT	T	H	Z	E	z	h	t	zt	ht
a)				2	4	0	0	0	0			
b)						6	0	0				
c)				3	0	0	7	0	0	0	0	

a) 24 H = 240 000 h   b) 6 Z = 600 z   c) 3 T 7 E = 30 070 000 zt

Übung 133
a) 5Z in z: 500 b) 6E 7z in t: 6 700 c) 7H 4E 7z in t: 704 700 d) 6,98 in t: 6 980
e) 0,3 in zt: 3 000 f) 506 in z: 5 060 g) 34 z in zt: 34 000 h) 0,4 in z: 4
i) 2 T 7 Z in E: 2 070 j) 2,2 in ht: 220 000

Übung 134
a) 25 Hundertstel = 0,25 b) 8 Tausendstel = 0,008 c) 35 Zehntel = 3,5
d) 635 Zehntausendstel = 0,0635 e) 2 Zehntel = 0,2
f) 123 Hundertstel = 1,23 g) 80 Zehntel = 8 h) 5 Millionstel = 0,000005
i) 32 Hunderttausendstel = 0,00032

Übung 135
a) 45,85046 + 0,0034 = 45,85386 b) 172,03 + 0,011 = 172,041
c) 123,0047 + 0,034 + 1,2 = 124,2387 d) 0,023456 + 1,234 + 12,009 = 13,266456
e) 1,234 + 2,3456 + 3,45667 = 7,03627 f) 2,3 + 0,034 + 23 + 0,0034 = 25,3374

Übung 136

a) 456,029
    2,3
    23

   481,329

b) 0,034
   1,2
   25,04

   26,274

c) 2,3
   0,004
   0,02

   2,324

d) 0,004005
   1,2309
   0,003

   1,237905

Übung 137
a) 9 364,00203 − 5 786,28384 = 3 577,71819
b) 0,0456 − 0,000456 = 0,04104
c) 0,5 − 0,084 = 0,416
d) 12,3 − 1,230 = 11,07
e) 0,0234 − 0,00234 = 0,02106
f) 23,44 − 23,044 = 0,396
g) 122,093 − 12,230 = 109,863
h) 0,002 − 0,0002 = 0,0018

Übung 138

```
    4,5  +   12,045  +    0,003  =  16,548
   12,04 +  144,23   +   19,2305 = 175,5005
   16,54 +  156,275  +   19,2335 = 192,0485
```

Übung 139
6,7 + 0,3 + 9,2 = 16,2   (6,7 + 0,3) + 9,2 = 16,2   6,7 + (0,3 + 9,2) = 16,2

Übung 140
24,05 + 0,0125 = 24,0625   0,0125 + 24,05 = 24,0625

Übung 141
2,8 − 1,75 = 1,05 m

Übung 142
(27,37498 + 76,634) − (11,04 + 22,909) = 70,05998

Übung 143
a) (45,765 + 7,89) − (3,34 + 8,809) = 41,506
b) (263,9 + 23,893 + 2,2) − (4,567 + 0,0345) = 285,3915
c) (236 + 56,067) − (23,984 + 88,02 + 0,0123) = 180,0507
d) (1000 + 1,101) − (11,001 + 111,101011) = 878,998989
e) (0,023 + 0,0344) − (0,01 + 0,0023) = 0,0451

Übung 144
a) 0,45 + 0,2 + 0,35 + 0,3 = 1,3   3 − 1,3 = 1,7
b) 0,5 + 0,6 + 0,7 = 1,8   3 − 1,8 = 1,2
c) 0,125 + 0,77 = 0,895   3 − 0,895 = 2,105
d) 0,2 + 0,75 + 0,12 = 1,07   3 − 1,07 = 1,93

Übung 145
a) Egg: 652 + 245,30 + 150,44 = 1047,74 €   Müller: 652 + (245,30 + 29,56) + (150,44 − 19,33) = 1 057,97 €
b) Differenz: 1 057,97 − 1 047,74 = 10,23 €

Übung 146
a) 0,77 + 1,4 + 1,67 = 3,84   6 − 3,84 = 2,16 m
b) 0,77 + 1,4 + 1,67 = 3,84   4,5 − 3,84 = 0,66 m
c) 0,77 + 1,4 + 1,67 = 3,84   3,8 − 3,84 geht nicht; Emmy hat zu wenig Band!

Übung 147
1 + 0,5 + 0,9 + 1,4 = 3,8 kg   Er muss um 0,2 kg weniger tragen als 4 kg.

Übung 148
a) 6,45 + 1,80 + 2,77 + 5 = 16,02   20 − 16,02 = 3,98 €
b) 11,50 + 6,87 + 1,44 + 8,90 + 15,4 = 44,06   50 − 44,06 = 5,94 €
c) 23 + 45,77 + 11,98 = 80,75   100 − 80,75 = 19,25 €

Übung 149
a) 9,2 + 8,5 − 3,5 − 1,4 = 0 0 1 2,8 0 0
b) 24,6 + 78,3 − 28,4 + 78,2 = 0 0 0 1 5 2,7 0 0 0
c) 458,2 − 128,3 − 4,06 + 587,2 + 11,5 = 0 0 9 2 4,5 4 0 0
d) 0,025 + 1,2 + 2,58 − 0,0025 − 0,258 = 0 3,5 4 4 5 0
e) 1,52 + 2,25 − 0,025 − 0,125 − 0,0058 = 0 3,6 1 4 2 0

Beispiel, S. 67

```
  12,7          12,7 · 3
  12,7          38,1
  12,7
  38,1
```

Übung 150
a) 34,82 · 8 = 278,56
b) 120,045 · 9 = 1 080,405
c) 380,9 · 4 = 1 523,6
d) 0,45 · 5 = 2,25
e) 12,9 · 7 = 90,3
f) 120,14 · 3 = 360,42

Übung 151
a) 95,9 · 23 = 2 205,7
b) 192,83 · 45 = 8 677,35
c) 0,283 · 87 = 24,621
d) 12,34 · 234 = 2 887,56
e) 0,283 · 125 = 35,375
f) 234,7 · 276 = 64 777,2

Übung 152
a) 485,34 · 10 = 4 853,4
b) 0,23478 · 1 000 = 234,78
c) 1,2 · 100 = 120
d) 0,034 · 100 = 3,4
e) 0,01 · 10 000 = 100
f) 234,987 · 1 000 = 234 987
g) 0,006 · 1 000 = 6
h) 3,09 · 100 = 309
i) 0,03 · 100 = 3
j) 47,5 · 1 000 = 47 500
k) 23,56 · 10 = 235,6
l) 98,09 · 1 000 = 98 090

Beispiel, S. 68
2,808 : 52 = 0,054
 208
  00 R

Übung 153
a) 23,5 : 10 = 2,35
b) 298,8 : 100 = 2,988
c) 374,9 : 1 000 = 0,3749

Übung 154
a) 78,89 : 10 = 7,889
b) 2,903 : 100 = 0,02903
c) 23,9 : 1 000 = 0,0239
d) 45,9 : 100 = 0,459
e) 263,1 : 1 000 = 0,2631
f) 2,3 : 10 = 0,23
g) 34,6 : 1 000 = 0,0346
h) 0,74 : 10 = 0,074
i) 3,4 : 1 000 = 0,0034
j) 50,6 : 10 = 5,06
k) 50 : 100 = 0,50
l) 405 : 1 000 = 0,405

Beispiel, S. 70
34,87 · 12,87 =
1. Rechnen ohne Komma

```
         3 487 · 1 287
           6974
          27896
          24409
         4 487769
```

2. Kommastellen bestimmen   34,87   12,87
                              2   +   2   = 4 Nachkommastellen

3. Produkt: 448,7769

Übung 155
a) 36,23 · 3,6 = 130,428
b) 5,94 · 3,6 = 21,384
c) 12,56 · 7,88 = 98,9728
d) 0,465 · 0,2 = 0,093
e) 1,2 · 3,4 = 4,08
f) 34,5 · 1,87 = 64,515
g) 3,45 · 0,02 = 0,069
h) 4,567 · 0,5 = 2,2835
i) 0,092 · 0,23 = 0,02116

Übung 156
(774,8 · 0,5) + (44,3 · 0,3) = 387,4 + 13,29 = 400,69

Übung 157
(93,9 · 23,1) − (0,35 · 0,035) = 2 169,09 − 0,01225 = 2 169,07775

Übung 158
a) 5,87 · 2,3 + 9,04 = 13,501 + 9,04 = 22,541
b) 0,64 · 5,2 − 0,276 · 0,26 = 3,328 − 0,07176 = 3,25624
c) 12,5 · (7,4 + 0,2 · 0,03) = 12,5 · (7,4 + 0,006) = 12,5 · 7,406 = 92,575
d) 0,64 · (2,3 − 0,89 · 2,3) = 0,64 · (2,3 − 2,047) = 0,64 · 0,253 = 0,16192

Übung 159
a) mal 100   b) mal 10   c) mal 1 000

Beispiel, S. 71
3 608,4 : 62 = 58,2   58,2 · 6,2 = 360,84

Übung 160
a) 37,772 5 : 5,21 = 3 777,25 : 512 = 7,25   b) 6,9708 : 7,4 = 69,708 : 74 = 0,942
c) 8,778 85 : 5,21 = 1,685   d) 20,4789 : 34,71 = 0,59   e) 10,08 : 1,4 = 7,2   f) 8,93 : 1,9 = 4,7
g) 107,47 : 1,1 = 97,7   h) 88,57 : 1,7 = 52,1   i) 246,24 : 15,2 = 16,2   j) 1,159 : 1,22 = 0,95

Übung 161
a) 37,82 : 3,1 = 12,2   b) 0,04515 : 0,21 = 0,215   c) 1,2 : 0,025 = 48   d) 30,15 : 6,7 = 4,5

Übung 162
a) 42 : 0,25 = 168   b) 85 : 0,25 = 340

Übung 163
12 : 0,25 = 48

Übung 164
71,4 : 0,3 = 238

Übung 165
a) (3,72 · 0,98) · 100 = 364,56   b) (2,53 · 1,55) : 100 = 0,0039215   c) (2,3 · 0,22) · 10 = 5,06

Übung 166
a) 17,004 2 : 0,2 = 85,021   Pr.: 85,021 · 0,2 = 17,0042
b) 115,06 : 2,2 = 52,3   Pr.: 52,3 · 2,2 = 115,06
c) 0,05 : 0,2 = 0,25   Pr.: 0,25 · 0,2 = 0,05
d) 0,00205 : 0,002 = 1,025   Pr.: 1,025 · 0,002 = 0,00205
e) 0,5916 : 0,58 = 1,02   Pr.: 1,02 · 0,58 = 0,5916
f) 253,12 : 5,6 = 45,2   Pr.: 45,2 · 5,6 = 253,12

Übung 167
187,5 : 7,5 = 25 Fahrten

Übung 168
a) 15,75 : 0,25 = 63   b) 15,75 : 0,75 = 21

Übung 169
Produkt ... 0,352 · 0,04 = 0,01408   Quotient ... 0,352 : 0,04 = 8,8

Übung 170

24,3	48,6	97,2	194,4	388,8
8,1	16,2	32,4	64,8	129,6
2,7	5,4	10,8	21,6	43,2
0,9	1,8	3,6	7,2	14,4
0,3	0,6	1,2	2,4	4,8

· 3 ↑
· 2 →

LÖSUNGEN ZU DEN BUCHSEITEN 73–78

QUICK CHECK, S. 73
1. Kommazahlen, Dezimalzahlen
2. Ganzen; Teile des Ganzen
3. Dezimale Einheiten
4. Es werden die gleichen Stellenwerte addiert bzw. subtrahiert. Alle Kommas müssen untereinander stehen!
5. Man multipliziert ohne Berücksichtigung des Kommas. Das Produkt hat so viele Nachkommastellen wie die beiden Faktoren zusammen.
6. Man bestimmt den höchsten Stellenwert im Quotienten und dividiert wie mit natürlichen Zahlen.
7. Man verschiebt in Dividend und Divisor das Komma um die gleiche Anzahl von Stellen nach rechts, damit der Divisor kommafrei wird. Dann bestimmt man den höchsten Stellenwert im Quotienten und rechnet wie mit natürlichen Zahlen.
8. Vertauschungs- und Verbindungsgesetz

Beispiel, S. 76
(20 − 0,87) − 19,13 = 19,13 − 19,13 = 0

Übung 171
a) (36 · 17 − 2,3 · 16) : 4 = 143,8
b) 23,5 + 2,5 · 1,3 − 0,144 : 1,2 = 26,63
c) (45,1 − 8,5 · 5,12) + 1,69 : 13 = 1,71
d) (56,88 : 1,58 − 6 · 0,6) · 23,4 = 758,16
e) 88 + 2 · 200 − (257 − 169 : 13 + 8 · 32 − 144 : 12) = 0
f) 25 · 13 + 5 481 : 63 + 898 − 45 : 5 + 91 : 7 = 1 314
g) 4 : 2 + 25 : 5 − 36 : 9 − 49 : 7 + 81 : 9 + 100 : 10 = 15

Beispiel, S. 76
(263 − 132) · (263 + 132) = 131 · 395 = 51 745

Übung 172
a) 3,4 · 67,3 + 57,85 : 8,9 = 228,82 + 6,5 = 235,32
b) (5,03 + 2,004) · (18,5 − 11,86) = 7,034 · 6,64 = 46,70576
c) 13 · 12,6 + 2 · 2,5 = 163,8 + 5 = 168,8
d) (2 374,5 − 1 273,9) · 12,6 = 1 100,6 · 12,6 = 13 867,56
e) 76 · 23 − 748 = 1 748 − 748 = 1 000
f) 23,52 : 0,04 − 44 · 2 = 588 − 88 = 500
g) 27,603 : 0,9 + 2,3 · 4 = 30,67 + 9,2 = 39,87
h) 789 + 23 · 12 = 789 + 276 = 1 065
i) 23,5 · 5 − 12,4 · 2 = 117,5 − 24,8 = 92,7
j) 45,384 : 4,88 + 23,5 · 22,5 = 9,3 + 528,75 = 538,05
k) 2,3 · 7,7 − 60,84 : 7,8 = 17,71 − 7,8 = 9,91

Beispiel, S. 77
12 · 34 + 12 · 50 = 12 · (34 + 50) = 12 · 84 = 1 008
12 · 23 + 12 · 5 − 12 · 11 = 12 · (23 + 5 − 11) = 12 · 17 = 204

Übung 173
a) 81 · 4 − 23 · 4 = 4 · (81 − 23) = 4 · 58 = 232
b) 8 · 37 = 8 · (30 + 7) = 8 · 30 + 8 · 7 = 240 + 56 = 296
c) 21 · 5 + 19 · 5 = 5 · (21 + 19) = 5 · 40 = 200
d) 45 · 7 − 32 · 7 = 7 · (45 − 32) = 7 · 13 = 91
e) 12 · 11 + 17 · 11 − 11 · 20 = 11 · (12 + 17 − 20) = 11 · 9 = 99
f) 4 · 32 − 20 · 4 + 8 · 4 = 4 · (32 − 20 + 8) = 4 · 20 = 80
g) 43 · 18 = 43 · (10 + 8) = 43 · 10 + 43 · 8 = 430 + 344 = 774
h) 32 · 9 = (30 + 2) · 9 = 30 · 9 + 2 · 9 = 270 + 18 = 288

Übung 174
(2 · 5 + 8) · 3 − 1 = 53	2 · 5 − 8 + 3 · 1 = 4
2 · 5 + 8 · 3 + 1 = 35	2 · 5 + 8 · 3 − 1 = 20
2 · 5 · 8 · 3 − 1 = 239	2 + 5 · 8 · 3 + 1 = 123
2 · 5 − 8 + 3 · 1 = 5	2 · 5 + 8 · 3 − 1 = 33

Übung 175
a) 179,2 : 3,2 = 56 b) 246,4 : 3,2 = 77

Übung 176
(4 · 9,50) + (3 · 1,75) + (3 · 2,30) = 50,15 €

Übung 177
(12,90 + 29,40 + 3,30) : 3 = 15,2 €

Übung 178
(7,50 − 2,30) : 26 = 0,2 €

Übung 179
a) (78,3 − 62,35) : (11,2 − 8,3) = 5,5   b) 63,75 : (17,1 − 8,6) = 7,5   c) (15,3 · 6,3) : (45,5 − 45,2) = 321,3

Übung 180
a) 1,08 − (1,4 − 0,14) : 14 = 0,99
b) 4,98 − 1,44 : 1,2 + 62,5 : 0,25 − 253 = 0,78
c) 18,5 − (7,3 − 2,2 · 1,5) = 14,5
d) (2,99 − 1,57) : 0,04 = 35,5
e) (3,6 + 4,5) · (4,7 + 1,4) = 49,41
g) 6 · (2,3 − 1,2) + (0,8 + 3,4) : 1,4 = 9,6

QUICK CHECK, S. 79
1. Punktrechnungen vor Strichrechnungen
2. zuerst
3. Man darf jeden Summanden bzw. den Minuend und den Subtrahend mit demselben Faktor multiplizieren und dann die Summe bzw. die Differenz berechnen.
   2 · (5 + 11) = 2 · 5 + 2 · 11 = 10 + 22 = 32
   3 · (8 − 2) = 3 · 8 − 3 · 2 = 24 − 6 = 18
4. a · (b + c) = a · b + a · c bzw. a · (b − c) = a · b − a · c
5. Vereinfachung von Rechengängen. ZB 42 · 13 = 42 · (10 + 3) = 420 + 126 = 546
6. Verbindungsgesetz und Vertauschungsgesetz
7. Addition und Multiplikation
8. Die Rechengesetze gelten auch bei den Dezimalzahlen!
   zB   2,3 · 1,2 = 1,2 · 3,2 = 2,76
        0,3 + 1,5 = 1,5 + 0,3 = 1,8
        2,3 · (5,9 · 0,3) = (2,3 · 5,9) · 0,3 = 4,071
        (6,7 + 2,3) + 1,2 = 6,7 + (2,3 + 1,2) = 10,2

FUN ZONE, S. 80
Geld ausgeben: Mom hat 99,98 € mitgehabt und alles bis auf 49,99 € ausgegeben.
Jetzt wird's knifflig: X = 9 und Y = 8, denn 98 − 89 = 9
Da fehlt doch was???   356,81 − 184,55 = 172,26
Welches Rechenzeichen fehlt?   6 : 3 + 4 + 2 = 8

Übung 181
$\frac{3}{4}$

Übung 182
$\frac{6}{25}$

Übung 183

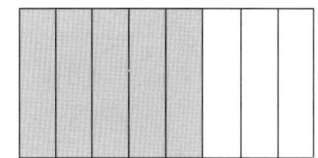

Übung 184

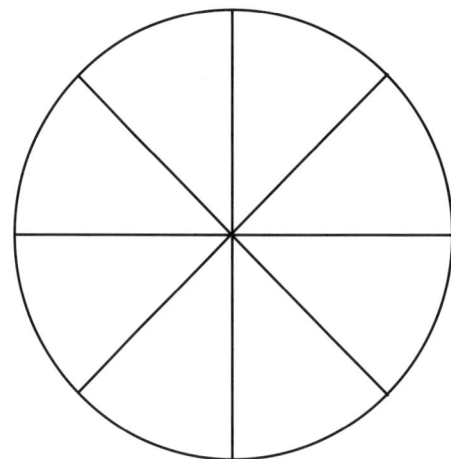

Übung 185
30 : 5 = 6 kg   6 kg · 2 = 12 kg sind verdorben

Übung 186
a) 27   b) 16   c) 36   d) 45

Übung 187
a) $3\frac{7}{9}$ b) $2\frac{2}{5}$ c) $5\frac{3}{4}$ d) $4\frac{4}{10}$ e) $6\frac{1}{2}$ f) $8\frac{1}{3}$ g) $4\frac{3}{7}$ h) $4\frac{1}{2}$ i) $3\frac{9}{11}$ j) $1\frac{10}{40}$ k) $1\frac{1}{18}$ l) $7\frac{1}{3}$

Übung 188

echte Brüche: $\frac{2}{3}, \frac{1}{2}, \frac{11}{12}, \frac{8}{9}$

unechte Brüche: $\frac{21}{7}, \frac{9}{4}, \frac{21}{21}, \frac{13}{5}$

uneigentliche Brüche: $\frac{21}{7} = 3, \frac{21}{21} = 1$

gemischte Zahlen: $\frac{9}{4} = 2\frac{1}{4}, \frac{13}{5} = 2\frac{3}{5}$

Übung 189
a) $\frac{3}{7}$ b) $\frac{2}{10}$

Übung 190
$\frac{19}{5}, \frac{29}{3}, \frac{90}{7}$

Beispiel, S. 84
$\frac{(4+10+2+3)}{19} = \frac{19}{19} = 1$

Übung 191
a) $\frac{6}{23}$ b) $\frac{41}{9} - \frac{25}{2} = \frac{16}{9} = 1\frac{7}{9}$ c) $\frac{139}{11} + \frac{5}{11} + \frac{57}{11} = \frac{201}{11} = 18\frac{3}{11}$

Übung 192
$2\frac{4}{13} + 1\frac{5}{13} = \frac{30+18}{13} = \frac{48}{13} = 3\frac{9}{13}$
$2\frac{4}{13} - 1\frac{5}{13} = \frac{30-18}{13} = \frac{12}{13}$

Beispiel, S. 85
$\frac{5 \cdot 5}{3} = \frac{25}{3} = 8\frac{1}{3}$

Übung 193

a) $\frac{63}{10} = 6\frac{3}{10}$ b) $\frac{40}{3} = 13\frac{1}{3}$ c) $\frac{110}{7} = 15\frac{5}{7}$ d) $\frac{48}{13} = 3\frac{9}{13}$ e) 1 f) $\frac{18}{3} = 6$

Übung 194

$\frac{63}{10} = 6\frac{3}{10}$ Liter

Übung 195

$2\frac{4}{5} \cdot 7 = \frac{14}{5} \cdot 7 = \frac{98}{5} = 19\frac{3}{5}$

Übung 196

$\frac{3}{5} \cdot 2 = \frac{6}{5} = 1\frac{1}{5}$ $\frac{3}{5} \cdot 3 = \frac{9}{5} = 1\frac{4}{5}$ $\frac{3}{5} \cdot 4 = \frac{12}{5} = 2\frac{2}{5}$ $\frac{3}{5} \cdot 5 = 3$

Übung 197

$\frac{3}{8} \cdot 5 = \frac{15}{8} = 1\frac{7}{8}$ l Fruchtsaft

Übung 198

$\frac{1}{4} \cdot 9 = \frac{9}{4} = 2\frac{1}{4}$ l Schlagobers

Übung 199

$\frac{1}{2} \cdot 24 = \frac{24}{2} = 12$ l Milch

Übung 200

$1\frac{1}{2} \cdot 4 + \frac{1}{2} = \frac{12}{2} + \frac{1}{2} = \frac{13}{2} = 6\frac{1}{2}$

Übung 201

$1\frac{3}{5} \cdot 3 - \frac{4}{5} = \frac{24}{5} - \frac{4}{5} = \frac{20}{5} = 4$

Beispiel, S. 86

$\frac{24 : 6}{5} = \frac{4}{5}$

Übung 202

a) $\frac{49 : 7}{8} = \frac{7}{8}$ b) $\frac{3}{4}$ c) $\frac{14 : 14}{5} = \frac{1}{5}$ d) $\frac{35 : 5}{3} = \frac{7}{3} = 2\frac{1}{3}$
e) $\frac{22}{11} : 2 = \frac{11}{11} = 1$ f) $5\frac{5}{8} : 9 = \frac{45}{8} : 9 = \frac{5}{8}$

Übung 203

$\frac{16}{5} : 16 = \frac{1}{5}$ Man muss die Zahl durch 16 dividieren.

Übung 204

$\frac{11}{4} : 11 = \frac{1}{4}$

Übung 205

a) $(75 : 15) \cdot 11 = 55$ cm b) $(27 : 3) \cdot 2 = 18$ km c) $(144 : 12) \cdot 5 = 60$ €

Übung 206

a) $\frac{2}{25}$ b) $\frac{7}{11}$ c) $\frac{1}{10}$

Übung 207

$\frac{12}{6} = 2$ $\frac{8}{6}$ $\frac{17}{6}$

LÖSUNGEN ZU DEN BUCHSEITEN 86–91

Übung 208
$11\frac{3}{8} : 91 + \frac{7}{8} = \frac{91}{8} : 91 + \frac{7}{8} = \frac{1}{8} + \frac{7}{8} = 1$

Übung 209
$6\frac{6}{11} : 24 - \frac{1}{11} = \frac{72}{11} : 24 - \frac{1}{11} = \frac{3}{11} - \frac{1}{11} = \frac{2}{11}$

Übung 210
$\frac{2}{9} \cdot 4 + \frac{6}{9} : 3 = \frac{8}{9} + \frac{2}{9} = \frac{10}{9} = 1\frac{1}{9}$

Übung 211
a) $\frac{12}{5} \cdot 10 = \frac{120}{5} = 24$ b) $\frac{10}{3} \cdot 12 = \frac{120}{3} = 40$ c) $\frac{20}{7} \cdot 14 = \frac{280}{7} = 40$

Übung 212
a) $\frac{16 \cdot 6}{5} = \frac{96}{5} = 19\frac{1}{5}$ b) $\frac{5 \cdot 4}{3} = \frac{20}{3} = 6\frac{2}{3}$ c) $\frac{19}{2} \cdot 4 = 38$ d) $\frac{20 \cdot 2}{7} = \frac{40}{7} = 5\frac{5}{7}$

Übung 213
a) $\frac{14}{3} : 7 = \frac{2}{3}$ b) $\frac{23}{6} : 23 = \frac{1}{6}$ c) $\frac{16}{3} : 8 = \frac{2}{3}$

Übung 214
a) $\frac{39 + 5 + 137}{16} = \frac{181}{16} = 11\frac{5}{16}$ b) $\frac{51 + 87 + 89 + 1}{8} = \frac{228}{8} = 28\frac{4}{8}$

Übung 215
a) $\frac{61 - 25 - 1}{11} = \frac{35}{11} = 3\frac{2}{11}$ b) $\frac{5 + 8 - 7}{13} = \frac{6}{13}$

Übung 216
Welches Schiff fährt zu welcher Insel? $\frac{27}{9}$ → Insel 3; $\frac{9}{3}$ → Insel 3; $\frac{3}{3}$ → Insel 1; $\frac{5}{2}$ → Insel $2\frac{1}{2}$; $\frac{5}{4}$ → Insel $1\frac{1}{4}$

QUICK CHECK, S. 88
1. Zähler
2. Die Teile des Ganzen
3. Nenner
4. In wie viele Teile das Ganze zerlegt wird.
5. echte Brüche (zB $\frac{4}{5}$), unechte Brüche (zB $\frac{9}{2}$), uneigentliche Brüche (zB $\frac{14}{7}$), gemischte Zahlen (zB $5\frac{2}{3}$)
6. Gleichnamige Brüche
7. – 9. Zähler

Beispiel, S. 90
$12 + x = 65$

Übung 217
a) $23 + y = 35$ b) $45 + f = 75$ c) $100 + p = 200$ d) $234 + h = 300$

Übung 218
a) $y = 21$ b) $z = 51$ c) $a = 26$ d) $b = 5$ e) $c = 8$ f) $d = 7$ g) $e = 1$ h) $f = 158$ i) $i = 48$

Beispiel, S. 91

$54 + e = 78$ $83 = r - 17$ $t \cdot 13 = 169$ $g : 6 = 20$
$e = 78 - 54$ $83 + 17 = r$ $t = 169 : 13$ $g = 20 \cdot 6$
$\underline{e = 24}$ $\underline{100 = r}$ $\underline{t = 13}$ $\underline{g = 120}$

Übung 219
a) $v = 36$ b) $x = 34$ c) $s = 30$ d) $t = 79$ e) $z = 97$ f) $p = 100$
g) $c = 3$ h) $u = 5$ i) $r = 14$ j) $w = 72$ k) $y = 92$ l) $t = 170$

Beispiel, S. 91

$24 = 816 : x$
$816 : 24 = x$
$34 = x$

Nebenrechnung:
$816 : 24 = 34$

Übung 220
a) $w = 648 : 9 = 72$ b) $b = 896 : 32 = 28$ c) $x = 144 : 12 = 12$

Beispiel, S. 92

$463 = 500 - y$
$500 - 463 = y$
$37 = y$

Übung 221
a) $c = 7\,899 - 4\,623 = 3\,276$ b) $s = 563 - 253 = 310$ c) $x = 182 - 166 = 16$

Beispiel, S. 92

$\boxed{6 \cdot x} - 85 = 419$

1. Schritt: Umkehrung der Subtraktion $\boxed{6 \cdot x} = 419 + 85$
2. Schritt: Umkehrung der Multiplikation $x = 504 : 6$
Lösung $x = 84$

Übung 222
a) $x = (48 - 32) : 4 = 4$ b) $u = (23 + 32) : 5 = 11$ c) $k = (87 - 54) : 11 = 3$
d) $z = (25 - 7) : 6 = 3$ e) $r = (53 + 23) : 2 = 38$ f) $e = (111 - 47) : 8 = 8$

Beispiel, S. 93

$45 - r = 12$
Lösen $r = 45 - 12 = 33$
Probe $45 - 33 = 12 \ldots$ richtig   Antwort: Die gesuchte Zahl lautet 33.

Übung 223
$x + 765 = 1\,023$ $x = 258$

Übung 224
$x - 88 = 199$ $x = 287$

Übung 225
$3 \cdot y = 87$ $y = 29$

Übung 226
$x : 6 = 265$ $x = 1\,590$

Übung 227
a) $x > 8$ b) $y < 20$ c) $z \geq 6$

Beispiel, S. 94: $L = \{0, 1, 2, 3, 4, 5, 6, 7, 8\}$ $y < 0$

Übung 228
a) $L = \{0, 1, 2, 3, 4\}$ b) $L = \{0, 1, 2, 3, 4, 5, 6, 7, 8, 9, 10, 11, 12\}$ c) $L = \{\}$ d) $L = \{100, 101, \ldots\}$

Beispiel, S. 94: mindestens 3 und weniger als 13

Übung 229
a) Natürliche Zahlen zwischen 66 und 77   b) $310 \leq x \leq 320$
c) $1\,002 < m < 2\,002$ d) Natürliche Zahlen, die größer als 12, aber höchstens 20 sind.

Übung 230
x + 2x = 423   x = 141

Übung 231
n · n = 81   n = 9

Übung 232
2x + 76 = 108   x = 16

Übung 233
3x − 75 = 525   x = 200

Übung 234
x : 6 = 77   x = 462

Übung 235
Natürliche Zahlen, die mindestens 100, aber höchstens 200 sind.

Übung 236
10 < x < 50

Übung 237
z ≤ 2 000

Übung 238
2x + 16 = 100   x = 42

Übung 239
x · 20 − 80 = 100   x = 9

Übung 240
x : 2 − 50 = 100   x = 300

FUN ZONE, S. 96

Welche Ziffern passen?

```
2  +  2  =  4
+     ·     −
2  ·  2  =  4
─────────────
4  −  4  =  0
```

Beruf von Frau Hertha Kimmer-Thale: M A T H E M A T I K L E H R E R
Die Erbschaft: Cäsar bekommt $\frac{3}{8}$ der Erbschaft.
Welche Stadt ist denn das? KOPENHAGEN

Beispiel, S. 99
4,6 cm = ? m
Umwandlungszahl zwischen cm und dm ist 0,1 → 1 Stelle nach links
Umwandlungszahl zwischen dm und m ist 0,1 → 1 Stelle nach links
Insgesamt 1 + 1 = 2 Stellen nach links
4,6 cm = 0,046 m

Übung 241
a) 7,321 km = 7 321 m   b) 23,5 dm = 235 cm   c) 13,8 cm = 1,38 dm
d) 1 200 mm = 1,2 m   e) 152 m = 0,152 km   f) 4 500 m = 4,5 km
g) 56 m = 0,056 km   h) 6,8 cm = 68 mm   i) 0,4 cm = 4 mm

LÖSUNGEN ZU DEN BUCHSEITEN 100–101

Beispiel, S. 100

```
         m   dm  cm  mm
0,407 m = 0,  4   0   7   m = 4 dm 7 mm
         m   dm  cm  mm
765,7 cm = 7  6   5,  7   cm = 7 m 6 dm 5 cm 7 mm
```

Übung 242
a) 8,6 cm = 8 cm 6 mm
d) 75,02 dm = 7 m 5 dm 2 mm
g) 1,283 m = 1 m 2 dm 8 cm 3 mm
b) 2,038 km = 2 km 38 m
e) 0,736 m = 7 dm 3 cm 6 mm
h) 2 400,48 m = 2 km 400 m 4 dm 8 cm
c) 1,4 km = 1 km 400 m
f) 7 800 mm = 7 m 8 dm
i) 0,276 m = 2 dm 7 cm 6 mm

Übung 243
a) 8 km 265 m = 8,265 km
d) 89 m = 0,089 km
g) 2 367 m = 2,367 km
b) 860 m = 0,86 km
e) 15 km 300 m = 15,3 km
h) 2 km 30 m = 2,03 km
c) 1 km 200 m 4 dm = 1,2004 km
f) 12 900 m = 12,9 km
i) 800 m = 0,8 km

Übung 244
a) 8 km 450 m = 8 450 m
d) 56 cm = 0,56 m
g) 0,23 km = 230 m
b) 6 m 7 dm = 6,7 m
e) 26 cm = 0,26 m
h) 7 dm = 0,7 m
c) 8 cm 9 mm = 0,089 m
f) 0,036 km = 36 m
i) 55 mm = 0,055 m

Übung 245
a) 34,6 m = 346 dm
d) 2 004 mm = 20,04 dm
g) 3 m 7 mm = 30,07 dm
b) 3 cm = 0,3 dm
e) 234 cm = 23,4 dm
h) 1 m 7 dm 6 mm = 17,06 dm
c) 1,34 km = 13 400 dm
f) 2,3 m = 23 dm
i) 34,9 cm = 3,49 dm

Übung 246
a) 1,34 m = 134 cm
d) 0,05 m = 5 cm
b) 3,05 dm = 30,5 cm
e) 0,04 dm = 0,4 cm
c) 0,2 mm = 0,02 cm
f) 3 cm 6 mm = 3,6 cm

Übung 247
a) 0,076 m = 76 mm
d) 0,33 dm = 33 mm
b) 3,5 m = 3 500 mm
e) 23 dm = 2 300 mm
c) 2,3 cm = 23 mm
f) 2 dm 1 cm 8 mm = 218 mm

Übung 248
22 000 + 710 + 95 + 400 = 23 205 cm
60 000 – 23 205 = 36 795 cm = 367,95 m
600 m = 60 000 cm
Es sind noch 367,95 m des Seiles über.

Übung 249
a) 2,8 km = 2 800 m : 100 = 28 min
b) 6,8 km = 6 800 m : 100 = 68 min
c) 4,3 km = 4 300 m : 100 = 43 min

Übung 250
a) 23,8 dm = 2,38 m = 2 380 mm
b) 2,309 m = 230,9 cm = 0,002309 km
c) 0,4509 km = 450,9 m = 450 900 mm
d) 23 780 cm = 237,8 m = 0,2378 km
e) 4 566 000 mm = 4 566 m = 4,566 km
f) 2 370 dm = 0,237 km = 23 700 cm
g) 90 cm = 0,0009 km = 9 dm

Übung 251   A – 2   B – 3   C – 1

Übung 252
230 cm – 305,9 dm = 3 059 cm – 346 dm = 3 460 cm – 3 500 cm – 0 ,046 km = 4 600 cm – 46,8 m = 4 680 cm

Übung 253
a) 3 655 m   b) 700 m   c) 23 mm   d) 32 cm   e) 5 mm   f) 44 cm   g) 3 cm   h) 5 mm   i) 46 dm

Übung 254
3,034 km = 3 km 34 m
0,253 m = 2 dm 5 cm 3 mm
1,005 km = 1 km 5 m
0,3 m = 300 mm
0,002 m = 2 mm
2 km 200 m = 22 000 dm

Übung 255

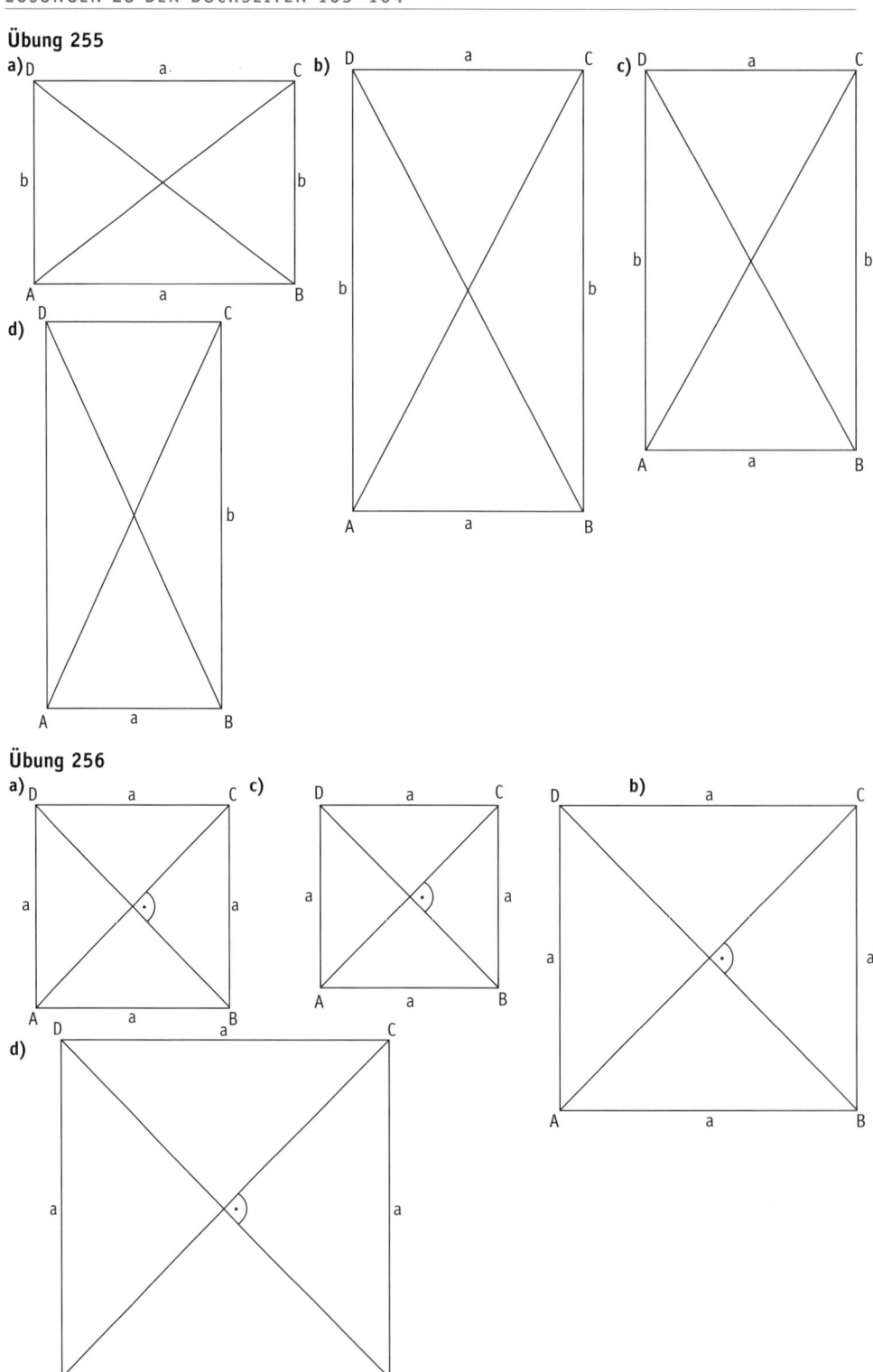

Übung 256

Beispiel, S. 104
Rechteck: a = 3,4 dm; b = 51 cm

34 cm	85 cm · 2	3,4 dm	8,5 dm · 2
51 cm	170 cm	5,1 dm	17,0 dm
85 cm		8,5 dm	

Übung 257
a) 7,9 · 4 = 31,6 cm
c) 125 cm · 4 = 500 cm = 50 dm
e) 67 · 4 = 268 mm
b) 2 · (23 + 44) = 134 mm
d) 2 · (45 + 89) = 268 m
f) 2 · (212 cm + 400 cm) = 1 224 cm = 12 m 24 cm

Beispiel, S. 105
Wir rechnen „zurück". Ergänze:
$$u = 2 \cdot (a + b)$$
$$u : 2 = a + b$$
$$67,4 : 2 = a + 16,5$$
$$(67,2 : 2) - 16,5 = a$$
$$33,6 - 16,5 = a$$
$$17,1 = a$$

Übung 258
a) a = 18 m   b) b = 8,6 cm   c) a = 3,5 km   d) b = 113 mm

Übung 259
a) a = 8,2 dm   b) a = 58,23 m   c) a = 4,25 cm

Übung 260
2 · 2 · (104 + 71) = 700 m   Enzo hat 700 m zurückgelegt.

Übung 261
90 · 4 + 3 · 2 · (200 + 120) = 2 280 cm   Es müssen 22,8 m Band besorgt werden.

Übung 262
a) 12 m   b) 4,2 m   c) 10,4 m

FUN ZONE, S. 106
Abrakadabra:

Und gleich noch eines:

Beispiel, S. 108
1. 35 m = 35 000 mm
2. 35 000 mm : 5 000 = 7 mm
   35 m sind im Maßstab 1 : 5 000   7 mm.

Übung 263

a) 6 m = 6 000 mm → 6 000 mm : 100 = 60 mm
b) 180 cm = 1 800 mm → 1 800 mm : 50 = 36 mm
c) 8 m 90 cm = 8 900 mm → 8 900 mm : 50 = 178 mm
d) 7 m 80 cm = 7 800 mm → 7 800 mm : 200 = 39 mm
e) 20 m = 20 000 mm → 20 000 mm : 250 = 80 mm
f) 13 m 50 cm = 13 500 mm → 13 500 mm : 500 = 27 mm

Beispiel, S. 109

4,5 cm · 100 = 450 cm = 4,5 m
3,5 cm · 100 = 350 cm = 3,5 m

Übung 264

1 : 1 000 . . . 4 cm · 1 000 = 4 000 cm = 40 m
1 : 10 000 . . . 4 cm · 10 000 = 40 000 cm = 400 m
1 : 100 000 . . . 4 cm · 100 000 = 400 000 cm = 4 000 m

Übung 265

67 000 mm : 500 = 134 mm = 1 dm 3 cm 4 mm

Übung 266

9 cm · 250 = 2 250 cm = 22,5 m   5 cm · 250 = 1 250 cm = 12,5 m

Übung 267

1,90 m : 20 = 0,095 m = 95 mm   0,90 m : 20 = 0,045 m = 45 mm

Übung 268

70 m = 7 000 cm
2,8 · x = 7 000
x = 7 000 : 2,8
x = 2 500   Es wurde der Maßstab 1 : 2 500 verwendet.

Übung 269

150 m = 15 000 cm
3 · x = 15 000
x = 15 000 : 3
x = 5 000   Der Maßstab beträgt 1 : 5 000.

Übung 270

105 km = 10 500 000 cm
14 · x = 10 500 000
x = 10 500 000 : 14
x = 750 000   Es wurde der Maßstab 1 : 750 000 verwendet.

Übung 271

235 km = 235 000 000 cm
47 · x = 235 000 000
x = 235 000 000 : 47
x = 5 000 000   Es wurde der Maßstab 1 : 5 000 000 verwendet.

Übung 272

225 km = 225 000 000 mm
45 · x = 225 000 000
x = 225 000 000 : 45
x = 5 000 000   Es wurde der Maßstab 1 : 5 000 000 verwendet.

Übung 273
76 m = 76 000 mm → 76 000 mm : 2 000 = 38 mm = 3 cm 8 mm

Übung 274
1 : 1 000 . . . 7 cm · 1 000 = 7 000 cm = 70 m
1 : 10 000 . . . 7 cm · 10 000 = 70 000 cm = 700 m

Übung 275
36 m = 36 000 mm → 36 000 mm : 400 = 90 mm = 9 cm

Übung 276
a) 600 m = 600 000 mm → 600 000 mm : 10 000 = 60 mm = 6 cm
b) 970 m = 970 000 mm → 970 000 mm : 10 000 = 97 mm = 9,7 cm
c) 78 m = 78 000 mm → 78 000 mm : 10 000 = 7,8 mm = 0,78 cm

Übung 277
a) A: 14 + 14 + 17 = 45 mm   B: 21 + 21 = 42 mm   C: 14 + 7 + 10 = 31 mm   C findet als 1. den Schatz.
b) A: 45 km   B: 42 km   C: 31 km

FUN ZONE, S. 111
Da kommt mir etwas dreieckig vor ... Es sind 31 Dreiecke.
In einem Zug:

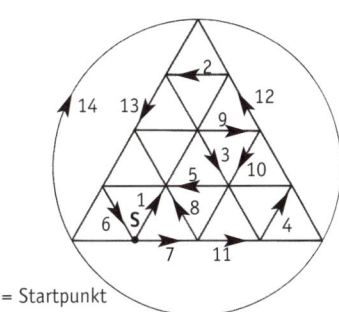

S = Startpunkt

Beispiel, S. 113
1 dm² (Quadratdezimeter)   1 cm² (Quadratzentimeter)   1 mm² (Quadratmillimeter)

Übung 278
a) 234 dm² = 0 0 0 2, 3 4 m²
b) 412 cm² = 0 0, 0 4 1 2 m²
c) 12 m² = 0 0 0, 1 2 a
d) 40 m² = 0 0 0 4 0 0 0, 0 0 dm²

Übung 279
a) 730 mm² = 7,3 cm²
b) 50 mm² = 0,5 cm²
c) 2 m² = 20 000 cm²
d) 560 mm² = 5,6 cm²
e) 2,3 dm² = 230 cm²
f) 4,4 dm² = 440 cm²

Übung 280
a) 340 mm² = 3,4 cm²
b) 34,6 cm² = 0,346 dm²
c) 5 m² = 0,05 a
d) 0,4 a = 0,004 ha
e) 2,5 ha = 0,025 km²
f) 12,09 ha = 0,1209 km²

Übung 281
a) 2,3 dm² = 230 cm²
b) 0,3 m² = 30 dm²
c) 4,5 km² = 450 ha
d) 5 km² = 500 ha
e) 0,004 ha = 0,4 a
f) 90 cm² = 9 000 mm²

Übung 282
a) 4, | 09 | 56 |dm² = 4 dm² 9 cm² 56 mm²
b) 4 m² 56 dm²
c) 36 dm² 43 cm²
d) 2 cm² 30 mm²
e) 55 m² 60 dm²

Übung 283
1,445 ha = 14 450 m²   14 450 : 17 = 850 m²   Eine Parzelle hat 850 m².

Übung 284
a) 800 cm² − 120 cm² = 680 cm²   b) 120 ha − 110 ha = 10 ha   c) 200 dm² − 50 dm² = 150 dm²

Übung 285
18,8 ha = 188 000 m²   188 000 : 4 = 47 000 m²   Jedes Kind bekommt 47 000 m² Land.

Übung 286
13,8 ha = 138 000 m²   8,2 ha = 82 000 m²   138 000 − 5 600 − 82 000 = 50 400 m²
Es bleiben 5,04 ha übrig.

Übung 287
780 · 9 = 7 020 mm²   7 020 + 35 000 = 42 020 mm² = 420,2 cm²
Das neue Mauseloch sollte 420,2 cm² groß sein.

Übung 288
a) Setze das Komma richtig: 148,5 cm² = 0 0, 0 1 4 8 5 m²
b) Schreibe 4 mm² in cm² an! 0,04 cm²
c) Schreibe 264,04 a mehrnamig an! 2 ha 64 a 4 m²

Übung 289
a) 0,34 ha > 30 a   b) 14 km² = 140 000 a   c) 54 dm² < 54 000 cm²
d) 20 a > 200 m²   e) 3,4 cm² < 340 dm²   f) 78 000 mm² > 78 cm²

Beispiel, S. 116

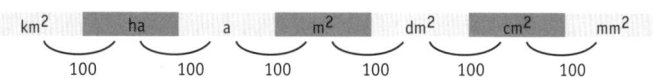

| km² | ha | a | m² | dm² | cm² | mm² |

  100   100   100   100   100   100

Beispiel, S. 116
a = 7 dm   b = 20 cm = 2 dm
Es passen genau 2 Reihen mit je 7 Quadraten von 1 dm² Flächeninhalt in dieses Rechteck!
Das heißt insgesamt 2 · 7 = 14 Quadrate mit je 1 dm² Flächeninhalt.

Beispiel, S. 117
A_Rechteck = 4 · 3 = 12 cm²   A_Quadrat = 5 · 5 = 25 cm²

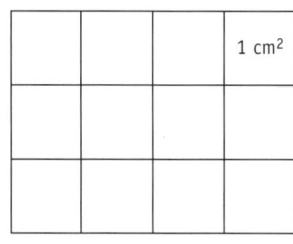
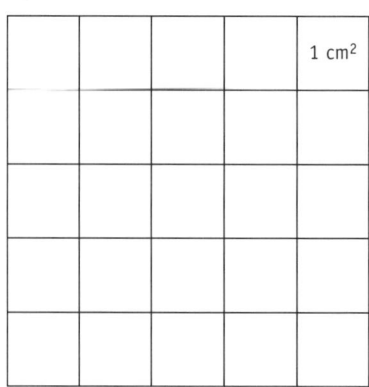

1 cm²

1 cm²

Übung 290
a) A = 45 · 42 = 1 890 cm²   u = 2 · 45 + 2 · 42 = 174 cm
b) A = 2,3 · 1,7 = 3,91 m²   u = 2 · 2,3 + 2 · 1,7 = 8 m
c) A = 3,1 · 3,1 = 9,61 dm²   u = 4 · 3,1 = 12,4 dm
d) A = 11 · 11 = 121 m²   u = 4 · 11 = 44 m

LÖSUNGEN ZU DEN BUCHSEITEN 117–118

Übung 291
Adam: $A = 41 \cdot 41 = 1\,681\ m^2$ Bedam: $A = 41 \cdot 51 = 2\,091\ m^2$
Unterschied: $2091 - 1681 = 410\ m^2$

Übung 292

	Rechteck 1	Rechteck 2	Rechteck 3
Umfang u	30 cm	30 cm	30 cm
Länge l	7 cm	7 cm	4 cm
Breite b	8 cm	8 cm	11 cm
Flächeninhalt A	56 cm²	56 cm²	44 cm²

Beispiel, S. 117
$109{,}47 : 8{,}9 = 12{,}3\ dm$

Übung 293
a) $2\,688 = a \cdot 48 \quad a = 2\,688 : 48 = 56\ m$ b) $336{,}4 : 14{,}5 = 23{,}2\ m$
c) $5\,805 : 1\,350 = 4{,}3\ m$ d) $824\,850 : 19\,500 = 42{,}3\ m$
e) $342{,}2 : 14{,}5 = 23{,}6\ dm$ f) $4\,088{,}37 : 95{,}3 = 42{,}9\ m$

Übung 294
$62 \cdot 57 = 3\,534 \quad 3\,534 \cdot 78 = 275\,652\ €$

Übung 295
a) $a = 301\,500 : 450 = 670\ m$ b) $b = 1\,182{,}5 : 55 = 21{,}5\ m$

Übung 296
a) $54{,}2 \cdot 54{,}2 = 2\,937{,}64\ m^2$ b) $12{,}4 \cdot 12{,}4 = 153{,}76\ dm^2$

Übung 297
$367{,}08 : 23 = 15{,}96 \quad 15{,}96 : 4{,}2 = 3{,}8\ m$ … Länge des Zimmers

Übung 298
$A_1 = 3 \cdot 3 = 9\ cm^2 \quad A_2 = 4 \cdot 4 = 16\ cm^2 \quad A_2 - A_1 = 16 - 9 = 7\ cm^2$
Der Flächeninhalt wird um 7 cm² größer.
$u_1 = 4 \cdot 3 = 12\ cm \quad u_2 = 4 \cdot 4 = 16\ cm \quad u_2 - u_1 = 16 - 12 = 4\ cm$
Der Umfang wird um 4 cm größer.

Übung 299
Quadrat: $6 \cdot 6 = 36\ cm^2 \quad u = 4 \cdot 6 = 24\ cm$
Rechteck: $7 \cdot 5 = 35\ cm^2 \quad u = 2 \cdot 7 + 2 \cdot 5 = 24\ cm$
Der Umfang bleibt gleich und der Flächeninhalt wird um 1 cm² kleiner!

Übung 300
$u = 2 \cdot (3 + 4) = 14\ cm \quad u_1 = 2 \cdot (9 + 12) = 42\ cm$ u verdreifacht sich.
$A = 3 \cdot 4 = 12\ cm^2 \quad A_1 = (3 \cdot 3) \cdot (4 \cdot 3) = 108\ cm^2$ A verneunfacht sich.

Übung 301
$130\,000\ m^2 - 250\ m^2 - 7\,000\ m^2 - 23\,000\ m^2 = 99\,750\ m^2$

Übung 302

1	D	i	a	g	o	n	a	l	e
2			Q	u	a	d	r	a	t
3				E	c	k	e	n	
4				U	m	f	a	n	g
5						E	l	f	

Das Lösungswort ist AREAL.

Beispiel, S. 120
Du stellst fest, dass immer vier gleich lang sind.
Die einzelnen Flächen sind Rechtecke.
Die Fläche eines Rechtecks berechnet man nach der Formel A = a · b (Länge mal Breite)
Schreibe in jede Fläche die entsprechende Formel, also a · b, a · c, b · c
Jede Fläche kommt genau 2-mal vor!

Beispiel, S. 121
$A_1 = a \cdot b = 2 \cdot 5 = 10$ cm² $A_1 + A_2 + A_3 = 59$ cm²
$A_2 = a \cdot c = 2 \cdot 7 = 14$ cm²
$A_3 = b \cdot c = 5 \cdot 7 = 35$ cm² $O = 2 \cdot 59 = 118$ cm²

Übung 303
a) 2 · (9 · 11 + 9 · 7 + 11 · 7) = 478 cm²
b) 2 · (4,5 · 2,4 + 4,5 · 6,2 + 2,4 · 6,2) = 107,16 cm²
c) 2 · (34 · 22 + 34 · 45 + 22 · 45) = 6 536 mm²

Übung 304
a) 6 · 15 · 15 = 1 350 cm²   b) 6 · 4,5 · 4,5 = 121,5 dm²
c) 6 · 12,3 · 12,3 = 907,74 m²   d) 6 · 0,5 · 0,5 = 1,5 m²

Übung 305

Länge	5 cm	2,3 cm	1 m
Breite	8 cm	13 mm	12 dm
Höhe	11 cm	0,4 dm	123 cm
OBERFLÄCHE	366 cm²	3 478 mm²	78 120 cm²

Übung 306
2 · (3,4 · 3,4 + 3,4 · 6,5 + 3,4 · 6,5) = 111,52 cm²

Übung 307
5 · 1,2 · 1,2 = 7,2 dm²

FUN ZONE, S. 122
Geht denn das überhaupt...?

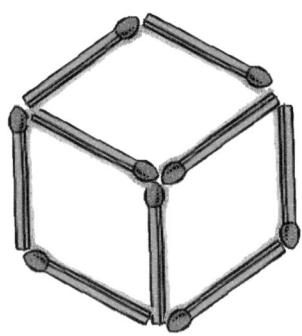

Einfach Eindruck schinden ...   11 · 11 = 121
111 · 111 = 12 321
1111 · 1111 = 1 234 321 usw.
111 111 111 · 111 111 111 = 12 345 678 987 654 321

Beispiel, S. 124
1 cm³ (Kubikzentimeter)
1 mm³ (Kubikmillimeter)

LÖSUNGEN ZU DEN BUCHSEITEN 124–128

Beispiel, S. 124
Für eine Schicht, damit der Boden bedeckt ist, brauchst du 10 · 10 = 100 „1 dm³-Würfel".
Wie viele Schichten passen dann übereinander? Genau → 10
1 Schicht: 100 Würfel
10 Schichten 100 · 10 = 1000 „1 dm³-Würfel"

Übung 308
a) 18 000 dm³ **b)** 3 m³ **c)** 4 142 dm³ **d)** 3 400 cm³ **e)** 300 mm³ **f)** 4 000 000 mm³

Übung 309
a) 2,635 cm³ **b)** 5 000 000 cm³ **c)** 300 cm³ **d)** 2,012 dm³ **e)** 8 000 cm³ **f)** 30 cm³

Beispiel, S. 125
23 m³ 7 dm³ = 23,007 m³ = 23 007 dm³

Übung 310
a) 2,034 m³ = 2 034 dm³
b) 23,012 dm³ = 23 012 cm³
c) 25,1 dm³ = 25 100 cm³
d) 3,089 m³ = 3 089 dm³

Übung 311
a) 5,045 m³ + 8,4 m³ + 0,243 m³ = 13,688 m³
b) 3,4 m³ + 0,45 m³ + 0,000 144 4 m³ = 3,850 144 4 m³
c) 0,8 m³ + 0,08 m³ + 0,008 m³ = 0,888 m³
d) 0,0124 m³ + 23,45 m³ = 23,4624 m³

Übung 312
a) 12 082 cm³ **b)** 2 008 dm³ **c)** 8 023 cm³

Übung 313
a) 67,023 dm³ **b)** 2,923 dm³ **c)** 5,12 m³

Übung 314
2 400 dm³ + 700 dm³ + 4 dm³ = 3 104 dm³ = 3 m³ 104 dm³

Übung 315
a) 120 dm³ **b)** 77 230 mm³ **c)** 9,009 cm³

Beispiel, S. 127
b = 2 cm c = 3 cm Auf die Grundfläche passen genau 4 · 2 = 8 Würfel.
Insgesamt passen also 4 · 2 · 3 = 24 Würfel mit 1 cm³ Rauminhalt in den Quader. V = 4 · 2 · 3 = 24 cm³

Beispiel, S. 127
a = 9 dm = 90 cm b = 35 cm c = 0,2 dm = 2 dm = 20 cm
Grundfläche G = a · b berechnen: 90 · 35 = 3 150 cm² a · b · c = G · c = 3 150 · 20 = 63 000 cm³

Übung 316
a) 4,5 · 4,5 · 4,5 = 91,125 cm³
b) 45 · 60 · 50 = 135 000 cm³
c) 11,2 · 11,2 · 11,2 = 1 404,928 cm³
d) 23 · 13 · 0,3 = 89,7 dm³

Übung 317
a) 121,5 cm² **b)** 15 900 cm² **c)** 752,64 cm² **d)** 619,6 dm²

Übung 318
V_{Quader} = 2 926 cm³ $V_{Würfel}$ = 2 744 cm³
Der Würfel hat das kleinere Volumen.
Die Volumina unterscheiden sich um 182 cm³.

Übung 319
V = 55 · 0,2 · 150 = 1 650 cm³

Übung 320
V = 210 cm³

Übung 321
V_{neu} = 7 · 8 · 9 = 504 cm³   Unterschied 504 − 210 = 294 cm³   504 : 210 = 2,4
Das Volumen des zweiten Quaders ist 2,4-mal so groß wie das Volumen des ersten Quaders.

Übung 322
V = 9,2 · 9,2 · 1,2 = 101,568 dm³

Übung 323
V = 778,688 m³   O = 507,84 m²

Übung 324
V = 97,336 cm³ V_{neu} = 9,2 · 9,2 · 9,2 = 778,688 cm³   778,688 : 97,336 = 8
Das Volumen verachtfacht sich.

Übung 325
V = 12 · 12 · 12 = 1 728 mm³ = 0,001 728 dm³   0,001 728 · 8,5 = 0,014 688 kg ≈ 15 g
Diese Würfelkette kann man sich um den Hals hängen.

Übung 326
V = 0,343 m³ = 343 dm³   343 · 0,5 = 171,5 kg

Übung 327
V = 3 100 · 7,5 · 0,17 = 3 952,5 m³   3 952,5 : 15 = 263,5   Der LKW muss 264-mal fahren.

Übung 328
V_A = 14,75 m³ V_B = 25,075 m³ V_C = 36,875 m³
Der kleinste Container fasst um 22,125 m³ weniger als der größte.

Übung 329
a) 64 dm³   **b)** 340 dm³   **c)** 46,7 dm³   **d)** 0,3 dm³

Übung 330
a) 400 l   **b)** 2 300 l   **c)** 3 450 l   **d)** 5 000 l

Übung 331
a) 3,45 hl   **b)** 34,45 hl   **c)** 0,066 hl   **d)** 67 hl

Übung 332
a) 0,3 m³   **b)** 0,56 m³   **c)** 1,2 m³   **d)** 0,05 m³

Übung 333
V = 9 · 4 · 3 = 108 dm³ = 108 l

Übung 334
V = 9 · 5 · 6 = 270 dm³ = 270 l

Übung 335
V = G · t = 24 · 2 = 48 m³ = 480 hl

Übung 336
V = 24 · 1,9 = 45,6 m³ = 456 hl

Übung 337
390 − 100 − 34 − 45 = 211 l = 2 hl 11 l

Übung 338
0,35 l = 35 cl   35 : 4 = 8,75   Es lassen sich 8 Gläser ganz befüllen.

Übung 339
a) 6 023 l   **b)** 70,4 hl

Übung 340
a) O = 35 · 20 + 2 · (35 · 15 + 20 · 15) = 2 350 cm² = 0,2350 m²
b) V = 35 · 20 · 15 = 10 500 cm³ = 10,5 l

Übung 341
a) V = 20 · 8 · 5 = 800 dm³ = 800 l
b) V = 20 · 8 · 4 = 640 dm³ = 640 l

Übung 342
V = 60 · 20 · 2 = 2 400 m³   2400 · 1,3 = 3 120 €

Übung 343
V = 60 · 20 · 17 = 20 400 cm³ = 20,4 dm³ = 20,4 l   Es kann eine Blumenkiste befüllt werden.

Übung 344
3,5 · 4 · 11 = 154 m³   154 · 16 = 2 464 €
Der Abtransport des Schutts kostet dem Kunden 2 464 €.

Übung 345
a) 180°   **b)** 90°   **c)** 45°

Beispiel, S. 134
Der Winkel hat 50°.

Übung 346
a) 35°   **b)** 90°   **c)** 120°   **d)** 45°   **e)** 160°   **f)** 85°   **g)** 135°

Beispiel, S. 135
In unserem Fall sind das 30°   180° + 30° = 210°

Übung 347
a) 280°   **b)** 230°

Übung 348
a)
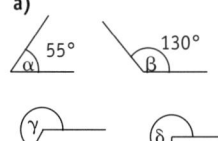
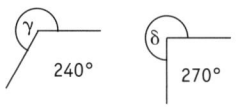

b)
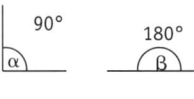
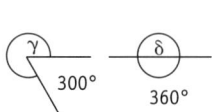

Übung 349
α … spitzer Winkel
β … stumpfer Winkel
γ … erhabener Winkel
δ … erhabener Winkel
ϵ … gestreckter Winkel

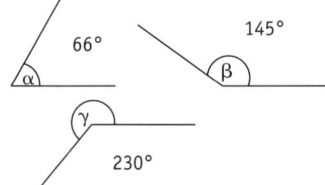
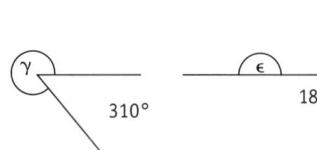

LÖSUNGEN ZU DEN BUCHSEITEN 138–144

Beispiel, S. 138
2 W = 14 d = 336 h = 20 160 min

Übung 350
a) 180 min   b) 120 s   c) 144 h   d) 250 min   e) 3 d   f) 336 h

Beispiel, S. 139
10 h 45 min – 07 h 22 min = 3 h 23 min   Die Fahrzeit beträgt 3 h 23 min.

Beispiel, S. 139
15 h 20 min – 11 h 50 min = 14 h 80 min – 11 h 50 min = 3 h 30 min   Die Fahrzeit beträgt 3 h 30 min.

Übung 351
7 h 22 min + 2 h 35 min = 9 h 57 min   Das Flugzeug kommt um 9.57 Uhr an.

Übung 352
Die Ankunftszeit ist 18.20 Uhr.

Übung 353
12 h 75 min – 3 h 35 min = 9 h 40 min   Familie Egg ist um 9.40 Uhr aufgebrochen.

Übung 354
17 h 92 min – 14 h 55 min = 3 h 37 min

Übung 355
21 h 75 min – 19 h 55 min = 2 h 20 min

Beispiel, S. 140
60 : 8 = 7,5 m/s   60 : 7,5 = 8 m/s

Beispiel, S. 140
180 : 1,5 = 120 km/h

Übung 356
a) 70 : 10 = 7 m/s   b) 315 : 3,5 = 90 km/h   c) 900 : 300 = 3 m/s

Übung 357
22 h 50 min + 1 h 30 min = 23 h 80 min = 24 h 20 min   Das Flugzeug landet um 00.20 Uhr.

Übung 358
19 h 92 min – 17 h 55 min = 2 h 37 min

Übung 359
Herr Huber ... 275 : 2,5 = 110 km/h   Herr Mayer ... 172,5 : 1,5 = 115 km/h   Herr Mayer war schneller unterwegs.

Geometrische Körper, S. 142
Quader: Kasten, Zündholzschachtel, Computergehäuse, ...; **Würfel:** Spielwürfel, Notizblock, ...;
Zylinder: Getränkedose, Konservendose, Flasche, ...; **Pyramide:** Hausdach, Pyramiden in Ägypten, Kerzen, ...;
Kegel: Turmdach, Kerzen, Bleistiftspitze, ...; **Kugel:** Fußball, Kerzen, Glühbirne, ...

Körperformen, S. 143
a) Kugel   b) Zylinder   c) Quader   d) Würfel   e) Pyramide   f) Kegel

FUN ZONE, S. 144

LÖSUNGEN ZU DEN BUCHSEITEN 148–150

1. Schularbeit

Aufgabe 1
a) 5 008 500 300   43 002 000
b) 3 HT 5 ZT 4 E   2 B 3 Md 2 M 4 T 2 E
c) 3 000 Rf.: 437 100 000 Rf.: 18 380

Aufgabe 2
a)

b) 2 025 < 2 250 < 2 502 < 5 022
c) 999 > 100 > 99 > 10

Aufgabe 3
a) (2 374 + 948) − (364 − 283) = 3 241
b) (8 142 : 23) · 9 = 354 · 9 = 3 186

Aufgabe 4
2 835 : 21 = 135 €
798 : 21 = 38 €
252 : 21 = 12 €
135 + 38 + 12 = 185 € pro Kind

Anderer Lösungsweg: (2 835 + 798 + 252) : 21 = 3 885 : 21 = 185 €

2. Schularbeit

Aufgabe 1
Faktoren – Produkt – Summanden – Summe –
Vertauschungs – Verbindungs – Minuend –
Subtrahend – Differenz – Dividend – Divisor –
Quotient

Aufgabe 2
a) (1,2 + 3,6 + 5,4 + 9 + 11,1 + 15 + 21,3 + 21 + 15 + 12,3 + 6 + 2,1) : 12 = 10,25 °C
b)
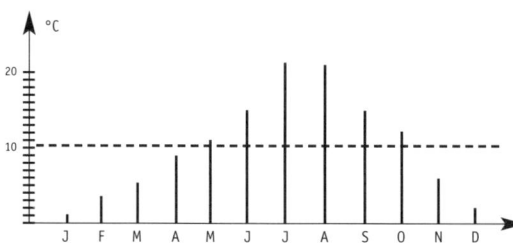

Aufgabe 3
a) (3 · 15) · (2 · 9) = 45 · 18 = 810
b) (4 · 5) · (75 · 2) = 20 · 150 = 3 000
c) (35 +65) + (21 + 39) = 100 + 60 = 160
d) (34 + 16) + (21 + 23) = 50 + 44 = 94

Aufgabe 4
a) 17 300 : 42 = 411   Rest: 38   38 : 5 = 7   Rest: 3
Es können 411 Säckchen befüllt werden, 38 Schrauben bleiben über. Die restlichen Schrauben können nicht ohne Rest in „Minipackungen" zu 5 Stück gefüllt werden.
b) 5 · 4 · 4 = 20 · 4 = 80 €   Herr Egg muss 80 € für die Fahrräder bezahlen.

3. Schularbeit

Aufgabe 1
a) 24 752 : 52 = 476   b) 780 : 3 = 260   c) 6 350 000   d) 9 900 000

Aufgabe 2
a) 4 h 5 t   3 E 1 z 4 t 6 zt   4 ht
b) 4,67   0,006 9   0,004 07
c) 40 260 t   66 000 zt   3 000 z

Aufgabe 3
745 − (73,4 + 24,3 + 182,3 + 22,87) = 745 − 302,87 = 442,13 €

Aufgabe 4
1. Summand … 877,04 + 465,3 = 1 342,34
2. Summand … 923,02 − 45,98 = 877,04
3. Summand … 923,02
1 342,34 + 877,04 + 923,02 = 3 142,4

4. Schularbeit

Aufgabe 1
a) 250 · 0,75 = 187,5 l Wein
b) (a · b) · c = a · (b · c) = (3,4 · 0,21) · 1,2 = 3,4 · (0,21 · 1,2)

0,714 · 1,2 = 0,8568
3,4 · 0,252 = 0,8568   richtig!

Aufgabe 2
a) 183,6 : 54 = 0 3, 4 0 0 0
   787,5 : 63 = 0 1 2, 5 0 0 0
   44,233 : 71 = 0, 6 2 3 0 0
b) Geschäft A: 3,49 : 500 = 0,00698 € pro g   Geschäft B: 2,25 : 300 − 0,0075 € pro g
Im Geschäft A ist das Konfekt etwas billiger.

Aufgabe 3
48,5 + (255,636 − 146,9 + 0,013) = 48,5 + 108,749 = 157,249

Aufgabe 4
a)

b)

c) (142,8 : 6) · 5 = 23,8 · 5 = 119 km

5. Schularbeit

Aufgabe 1

a) $\frac{15}{23}$ $\frac{29}{50}$ $\frac{30}{100}$

b) $\frac{23}{5} + \frac{49}{5} = \frac{72}{5} = 14\frac{2}{5}$ $\frac{49}{5} - \frac{23}{5} = \frac{26}{5} = 5\frac{1}{5}$

c) $2\frac{3}{4} = \frac{11}{4}$ $8\frac{2}{11} = \frac{90}{11}$

d) $\frac{77}{12} = 6\frac{5}{12}$

Aufgabe 2

a) $\frac{7}{10} \cdot 11 = \frac{77}{10} = 7\frac{7}{10}$ Liter Wein

b) $\frac{23}{6} \cdot 7 = \frac{161}{6} = 26\frac{5}{6}$

c) $\frac{136}{11} : 4 = \frac{34}{11} = 3\frac{1}{11}$

Aufgabe 3

y = 8 263 − 2 374 = 5 889   Probe: 2 374 + 5 889 = 8 263
e = 6 750 : 125 = 54   Probe: 6 750 : 54 = 125
x = (248 + 928) : 12 = 98   Probe: 12 · 98 − 928 = 248

Aufgabe 4

a) x + 75 = 923   x = 848   Die Zahl lautet 848.
b) 58 · y = 2 726   y = 47   Der gesuchte Faktor lautet 47.
c) 3 · z + 54 = 123   z = 23   Die Zahl ist 23.

6. Schularbeit

Aufgabe 1
A = 26 · 34 = 884 m²   884 · 83,4 = 73 725,6 €
u = 2 · (26 + 34) = 120 m   120 · 12,2 = 1 464 €
73 725,6 + 1 464 = 75 189,6 €
Der Gesamtpreis beträgt 75 189,60 €

Aufgabe 2
4,5 · 100 = 450 cm = 4,5 m
4,5 · 2 000 = 9 000 cm = 90 m
4,5 · 50 000 = 225 000 cm = 2,25 km

Aufgabe 3
O = 7 · 4 + 2 · (7 · 1,7 + 4 · 1,7) = 65,4 m² sind auszumalen.
V = 7 · 4 · 1,6 = 44,8 m³ = 448 hl
44,8 · 0,9 = 40,32 €

Aufgabe 4
α ... spitzer Winkel
β ... stumpfer Winkel
γ ... erhabener Winkel

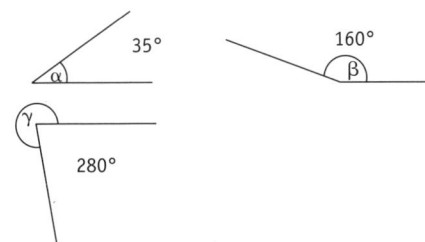

DURCHSTARTEN

ZU GUTEN NOTEN!

Wiederholen – Vertiefen – Vorbeugen – (Ab)Sichern – Noten verbessern

- ☑ Mehr als 3000 Übungen je Fach und Schulstufe lassen keine Trainingswünsche offen
- ☑ Regeln und Erklärungen – so kurz, wie notwendig
- ☑ Musteraufgaben
- ☑ Für erfolgreiche Schularbeiten und Tests
- ☑ Lösungsheft – beigelegt
- ☑ Durchst@rten-Online-Service mit vielen zusätzlichen Angeboten wie dem Durchstarten Zeit- und Lernplaner und Probeschularbeiten zum Gratis-Download
- ☑ Vorbereitung auf die neuen BILDUNGS-STANDARDS

DURCHSTARTEN und DURCHSTARTEN – DEIN ÜBUNGSBUCH können toll miteinander kombiniert, aber auch unabhängig voneinander verwendet werden.
Ein starkes neues Lerntrainerteam pro Fach und Schulstufe!

je € 9,90

Durchstarten Deutsch – Dein Übungsbuch
5. Schulstufe ISBN-10: 3-7058-6454-8, ISBN-13: 978-3-7058-6454-2
6. Schulstufe ISBN-10: 3-7058-6455-6, ISBN-13: 978-3-7058-6455-9
7. Schulstufe ISBN-10: 3-7058-6841-1, ISBN-13: 978-3-7058-6841-0
8. Schulstufe ISBN-10: 3-7058-6843-8, ISBN-13: 978-3-7058-6843-4

Durchstarten Englisch – Dein Übungsbuch
5. Schulstufe ISBN-10: 3-7058-6458-0, ISBN-13: 978-3-7058-6458-0
6. Schulstufe ISBN-10: 3-7058-6459-9, ISBN-13: 978-3-7058-6459-7
7. Schulstufe ISBN-10: 3-7058-6844-6, ISBN-13: 978-3-7058-6844-1
8. Schulstufe ISBN-10: 3-7058-6845-4, ISBN-13: 978-3-7058-6845-8

Durchstarten Mathematik – Dein Übungsbuch
5. Schulstufe ISBN-10: 3-7058-6463-7, ISBN-13: 978-3-7058-6463-4
6. Schulstufe ISBN-10: 3-7058-6462-9, ISBN-13: 978-3-7058-6462-7
7. Schulstufe ISBN-10: 3-7058-6846-2, ISBN-13: 978-3-7058-6846-5
8. Schulstufe ISBN-10: 3-7058-6847-0, ISBN-13: 978-3-7058-6847-2

Diese praktischen Bücher können Sie gleich jetzt bestellen:

Rufen Sie einfach an, schicken Sie ein Fax oder ein E-Mail!
Tel. 0043/(0)732/77 64 51/2280, Fax: 0043/(0)732/77 64 51/2239
E-Mail: kundenberatung@veritas.at

VERITAS

www.veritas.at